박물관에서
**공룡을
만나다**

박물관에서 공룡을 만나다

초판 1쇄 발행일 2017년 12월 4일
초판 2쇄 발행일 2018년 7월 20일

지은이 하연철
펴낸이 이원중

펴낸곳 지성사 출판등록일 1993년 12월 9일 등록번호 제10-916호
주소 (03458) 서울시 은평구 진흥로 68(녹번동 162-34) 정안빌딩 2층(북측)
전화 (02) 335-5494 팩스 (02) 335-5496
홈페이지 지성사.한국 | www.jisungsa.co.kr 이메일 jisungsa@hanmail.net

ⓒ 하연철, 2017

ISBN 978-89-7889-344-2 (03450)

잘못된 책은 바꾸어 드립니다. 책값은 뒤표지에 있습니다.

「이 도서의 국립중앙도서관 출판예정도서목록(CIP)은 서지정보유통지원시스템 홈페이지(http://seoji.nl.go.kr)와 국가자료공동목록시스템(http://www.nl.go.kr/kolisnet)에서 이용하실 수 있습니다. (CIP제어번호:CIP2017031287)

하연철 지음

박물관에서 공룡을 만나다

지성사

글을 시작하면서

공룡은 유치하지 않아!

"너, 그거 해서 먹고살 수 있겠니?"
"이제 현실적인 꿈을 꾸자."
"진로를 바꾸는 게 어떻겠니?"

내가 가장 많이 듣는 얘기들이다. 병도 한번 걸리면 면역이 생기는데 이런 말은 면역이 잘 생기지 않는 것 같다. 나에게 많은 사람들, 특히 어른들이 질책 담긴 질문을 던지면서 '이런 유치한 것'이라고 하신다. 그럴 때마다 상처를 받지만 나는 '이런 유치한 것'에 대한 가치를 찾기 시작했고, 그러다 나름의 가치를 발견했다.

인간은 어디서부터 시작되었을까, 인간은 어떻게 멸종할까, 과연 그 가능성이 있을까? 이런 질문들에 대한 답을 우리는 어디서 구할 수 있을까? 미래? 아니다. 바로 과거다. 비록 우리가 보지는 못했지만 땅이 말해주고, 자연이 지금까지 남몰래 기록해온 이야기, 그 이야기에 대한 잠금장치를 풀 수 있는 열쇠가 바로 화석이라는 존재다. 공룡은 지구상에서 약 1억 8천만 년을 살았다. 그런 수많은 공룡들이 빠른 시간 안에 지구에서 사라졌다. 수많은 공룡들이 어떻게 살았고 왜 한꺼번에 사라졌는지, 우리 인간은 뒤도 안 돌아보고 단거리 달리기 같은 마라톤을 해왔다. 오로지 더 나은 것, 더 좋은 것, 더 빠른 것을 위해 달렸다. 끝없이 앞만 보고 달려온 호모사피엔스라는 종족은 이제 잠시 발걸음을 멈추고 뒤를 돌아봐야 할 때가 아닐까?

나에게 묻는다. "좋아하는 것이 직업이 되면 얼마나 좋을까?"

다섯 살, 인생에서 가장 큰 충격을 받다

2002년, 대한민국이 월드컵 4강 신화를 만들어내고 1년쯤 뒤였던 것으로 기억한다. 나는 평범한 아이들처럼 공룡이라는 생명체에 관심을 가지고 공룡 이름을 외웠다. 열아홉 살인 지금보다도 더 잘 외웠던 것으로 기억한다. 집에는 공룡 장난감과 공룡 책으로 가득 찼지만 엄마, 아빠, 할아버지와 마트에 들를 때면 꼭 새로운 공룡을 입양해왔다(지금까지 같이 살고 있다).

이렇게 우리 집이 점점 '쥐라기 공원'으로 바뀌고 있는 찰나, 어느 날 아빠가 『공룡학자 이융남 박사의 공룡대탐험』이라는 책을 한 권 사오셨다. 그 당시 나에겐 굉장히 어려운 내용이었지만 나는 그 책에서 공룡을 연구하는 공룡학자라는 직업을 보고 한눈에 반했다. 또한 책 속에 포함된 많은 그림과 지식들은 머릿속에서 자유롭게 이리저리 뛰어다니는 공룡들을 줄 세워주었다. 이렇게 이융남 박사님이 나의 롤모델이 되었지만, 약 10년 동안 나는 이융남 박사님을 다큐멘터리와 책으로밖에 만나뵐 수 없었다.

아마 다섯 살 때쯤 모습이었던 것으로 기억한다.

열일곱 살, 드디어 기회가 찾아오다

TV에서 방영하는 공룡 다큐멘터리를 10년 동안 꼭 챙겨보던 나는 어느덧 고등학교에 입학했다. 고등학교에 갓 입학한 3월, 나는 봉사 시간을 위한 봉사활동이 아닌, 정말 의미 있고 나의 재능을 살릴 수 있는 봉사활동을 하고 싶었다. 때마침 대전 지질박물관 봉사활동이 눈에 띄었고, 우연찮게 이융남 박사님이 박물관 관장님으로 계셨다! 하지만 그 사실을 알게 된 뒤에도 시간이 맞지 않아 관장님을 찾아뵐 수 없었다.

그러던 5월 5일, 지질박물관 어린이날 행사에서 처음으로 관장님을 만나뵙게 되었다. 멀리서 걸어오시는 박사님을 보는 순간 자동으로 경직되었다(지금은 그때만큼은 아니지만 아직도 긴장이 된다). 마음은 이미 인사를 드리고 있었지만 10년간의 기다림 때문인지, 긴장한 탓인지 선뜻 말이 나오지 않았다. 그렇게 나는 나무처럼 10분을 그 자리에 가만히 서 있다가 간신히 인사를 드렸다. 아직도 그때를 생각하면 심박 수가 올라간다.

두 번째로 만나뵙게 된 것은 한국지질자원연구원에서 이틀간 진행되는 강연 때였다. 강연 첫째 날, 강연 시작 시각은 9시 30분이었지만 8시에 도착했다(사실 긴장해서 버스를 너무 일찍 타버렸다). 강의실 문을 들뜬 마음으로 열고 들어갔지만 역시나 아무도 없었다. 나를 반겨주는 건 창문 틈새로 들어오는 햇빛과 강의 교재뿐. 강연 시간에 맞춰 사람들이 자리를 채우기 시작하자 나는 살짝 뒤를 돌아보았다. '나 말고 한 명 정도는 있겠지?' 하고 생각했지만 고등학생은 나 혼자였고, 대학생과 고등학교 선생님들이셨다. 졸지에 최연소 강연 참가자가 된 것이다.

강연 둘째 날, 전날과 마찬가지로 8시가 조금 넘어서 도착했다. 강의실에 아무도 없으리란 생각에 나는 발걸음을 돌려 관장실의 문을 똑똑 두드렸다. 관장실에 들어서자마자 꾸벅 인사를 드리니 이융남 박사님께서 반갑게 맞아주시며 자리를 권하셨다. 자리에 앉은 나는 그동안 꿈을 키워오면서 궁금했던 것들을 하나하나 질문하였고 이융남 박사님은 정말 친절하게 모든 질문에 답을 해주셨다.

"이 분야를 공부하려면 단단히 각오를 하고 들어와야 한다."

당시 박사님께서 해주신 이 말이 가끔씩 무의식중에 머릿속을 스쳐 지나가곤 한다. 그리고 '대한민국 고 3'의 힘든 일상을 버티게 해주던 버팀목이 되는 말이기도 하다.

열여덟 살, 단순한 도우미에서 전시 해설사로

2015년, 처음 봉사활동은 체험관 도우미였다. 관람 질서를 유지하고 체험기구 사용법을 알려주는 일이었다. 그러다 종종 공룡에 대해 물어보는 방문객들에게 설명을 해주게 되었는데 이 재미가 쏠쏠했다. 그렇게 몇 달을 열심히 보내던 중 9월에 이융남 박사님이 서울대학교 교수님으로 자리를 옮기셨다. 조금 더 계셨더라면 더 많은 것을 물어볼 수 있었을 텐데 하는 아쉬움과 함께 나는 새로 오신 관장님을 만나뵈었다.

2015년 12월, 비가 눈으로 바뀌던 날 최성자 관장님은 나에게 전시 해설을 해보면 어떻겠냐고 물어보셨고, 나는 당연히 하겠다고 했다. 그날부터 나의 공부가 시작되었다. 평소 봉사활동을 하면서 익힌 전시물들을 공부하는 것은 그리 어렵지 않았지만, 진짜 어려운 것은 따로 있었다. 바로 내가 알고 있는 것을 다른 사람들에게 어떻게 재미있게 전달할까 하는 문제였다. 처음에는 단순히 패널에 나온 설명들을 바탕으로 딱딱하게 해설했다. 딱딱한 해설에 딱딱한 반응이 돌아온 것은 당연했다. 결국 다른 방법을 찾기에 골몰했고, 드디어 영화와 3D 프린터를 활용하기로 했다. 그리고 많은 이야기를 듣고 모으기 위해 전문가들의 강연을 듣기 시작했다. 그 결과, 나는 나만의 전시 해설 프레임을 만들어냈고, 그 프레임 속에서 공룡 한 마리 한 마리마다 주제를 정해 이야기를 풀어내고 있다.

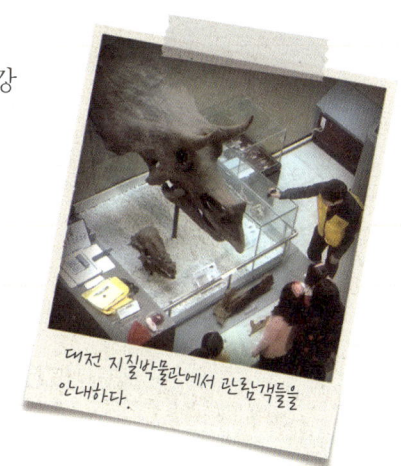

대전 지질박물관에서 란람객들을 안내하다.

그래서 이 책은……

대전에 있는 지질박물관은 국내 유일의 지질전문박물관이다. 나는 이곳에서 처음 봉사활동을 시작하면서부터 많은 생각과 궁금증을 가졌고, 그에 대한 답을 제시하고 끊임없이 나에게 질문하려 노력했다. 그 결과, 지질박물관에서의 전시 해설과 그에 대한 질문들, 그리고 그 질문들에 대한 대답을 모아 이 책을 펴내게 되었다. 여러분이 만약 이 책을 읽는 지금, 지질박물관을 가본 적이 있다면 그 기억을 떠올리면서, 가본 적이 없다면 앞으로 가볼 지질박물관을 상상해보면서 책장을 넘겨보길 바란다.

차례

글을 시작하면서 4

1. 공룡, 너는 누구냐 12
- 공룡의 정의 · 13
- 공룡은 어떤 생물인가? · 14
- 공룡, 너의 이름은? · 18

2. 티라노사우루스
_ 지구 최강의 포식자 24
- 우리 박물관의 중심 전시물, 티라노사우루스 · 25
- 티라노사우루스가 차를 따라잡는다고? · 28
- 티라노사우루스가 바로 앞에 있는 사람을 못 알아본다고? · 31
- 티라노사우루스, 너는 어떤 무기를 가졌니? · 36
- 앞다리가 짧아 등을 긁지 못하는 슬픈 영혼,
  그리고 나의 이상한 계산 · 46
- 점박이가 티라노사우루스라고? · 48

3. 에드몬토니아
_ 탱크의 변신 60
- 갑옷공룡은 두 종류? · 61

4. 트리케라톱스
_ 거대한 세 개의 뿔 66
- 뿔 공룡, 아시아에서 미국까지 걸어가다 · 67
- 트리케라톱스의 방패 · 78

5. 디플로도쿠스
_ 채찍꼬리 82
- 육식 공룡에게 빨간 줄무늬를 · 83
- 세이스모사우루스, 가장 거대했던 디플로도쿠스 · 84
- 디플로도쿠스가 기어 다녔다고? · 86

6. 마이아사우라
_ 엄마 공룡 90
- 엄마, 밥 주세요! · 91

7. 드로마에오사우루스
_ 달리는 도미뱀 96
- 「쥬라기 공원」에는 벨로시랩터가 나오지 않았다? · 97
- 랩터와 랍토르, 도대체 뭐가 다른 걸까? · 99
- 그렇다면 드로마에오사우루스와 벨로시랩터는
  다른 공룡인가? · 100

8. **알로사우루스**
　_ 특이한 도마뱀 106

　알로사우루스에 뿔이 있었다고? · 109
　티라노사우루스 이빨은 송곳, 알로사우루스
　　이빨은 부엌칼 · 111

9. **스테고사우루스**
　_ 네 개의 가시 112

　철퇴로 혼내준다 · 113
　스테고사우루스는 태양열 발전기? · 116

10. **파키케팔로사우루스**
　_ 박치기 공룡 122

　정말 박치기 공룡일까? · 123

11. **콤프소그나투스, 그리고**
　　시노사우롭테릭스 126

　작다고 무시하지 마! – 콤프소그나투스 · 127
　공룡의 색깔을 살펴보다 – 시노사우롭테릭스 · 128

12. **공룡시대의 하늘**
　_ 프테라노돈과 케찰코아틀루스 132

　프테라노돈 – 가장 유명한 익룡 · 133
　케찰코아틀루스 – 백악기의 제트기 · 134

13. **공룡시대의 바다**
　_ 모사사우루스와 실러캔스 138

　모사사우루스 – 엄청난 바다의 괴물 · 139
　실러캔스 – 엄청난 발견 · 144

14. **공룡이 보고 싶어!** 146

　고성으로 가볼까? · 148
　해남으로 가볼까? · 153

15. **나는 공룡에서 무엇을 배울까?** 156

글을 마치면서 160

1.
공룡, 너는 누구냐

공룡의 정의

우리는 나름대로 공룡에 대한 이미지를 머릿속에 가지고 있다. 그런데 그 이미지들의 공통점! 대부분 영화 「쥬라기 공원」(1993)(국립국어원의 외래어 표기법에는 '쥬라기'→'쥐라기'라고 되어 있다. 하지만 우리나라에서 영화가 개봉할 때의 표기를 그대로 따랐다)과 「쥬라기 월드」(2016)에서 형성된 이미지라는 것이다. 특히 어린이들에게…. 나도 어렸을 때 '쥬라기 공원' 시리즈의 비디오를 사서 몇 번을 돌려보고 2016년 「쥬라기 월드」의 개봉을 손꼽아 기다린 팬이기 때문에 내가 가진 이미지 역시 상당한 부분이 영화에서 비롯되었다. 그러나 점점 더 공부를 하고 성장하면서 나는 영화 속 이미지의 상당 부분이 공룡시대를 바라보는 나의 시야를 마치 실루엣만 보이는 안대처럼 보일 듯 말듯 가리고 있었다는 것을 깨달았다.

"공룡을 다른 생물과 구분 지어보세요"라는 질문에 답을 고민해보자.

공룡은 커다란 생물이다. _엄마
공룡은 멸종된 파충류다. _보문고등학교 3학년 이희권
공룡은 커다란 악어다. _전시해설을 들었던 어느 유치원생

위 답은 전시 해설 도중에 들리는 의견과 크게 다르지 않다. 그러나 위의 생각만으로 우리가 공룡을 정의할 수 있을까? 엄마의 의견으로 공룡을

정의해보자.

먼저, 나의 엄마가 말한 "커다란 생물이다"에서 '크다'라는 개념은 상대적인 개념이다. 우리 집 어항에 있는 구피를 나의 눈으로 바라보면 작은 애완동물로 보인다. 그러나 우리 집 구피의 눈으로 바라보면 나는 거대하고, 매일 자기한테 밥을 챙겨주는 사람이다. 이렇게 어떤 생물의 눈으로 세상을 바라보느냐에 따라 달라지기 때문에 정의가 되기엔 부족한 설명이다.

두 번째, 희권이는 "멸종된 파충류다"로 공룡을 정의했다. 어느 정도는 맞는 설명이다. 하지만 멸종된 파충류가 공룡 하나일까? 모사사우루스와 같은 어룡도 멸종하였기 때문에 이 역시 부족한 설명이라고 할 수 있다.

그렇다면 어떤 사실로 공룡을 정의할 수 있을까? 이제부터 공룡을 연구하는 고생물학자들이 사용하는 정의를 살펴보기로 하자.

공룡은 어떤 생물인가?

똑바로 걸어 다니는 공룡

"왜 곧은 발목관절일까? 굽은 발목관절이면 안 될까? 왜?"

이 궁금증에 대한 답은 의외로 간단한 곳에 숨어 있다. 먼저 두마뱀과 악어의 다리를 잘 살펴보자. 도마뱀과 악어의 다리 모양은 'ㄱ자' 형태이다. 이런 다리로 악어와 도마뱀은 배를 바닥에 끌며 기어 다닌다. 물론 파충류의 이런 이미지 때문에 공룡도 한동안 느릿느릿하고 꼬리와 배를 땅에 끌고 다니는 바보 같은 이미지로 복원되곤 했다. 그러나 우리가 박물관에서 보는 공룡 화석들의 다리 모양은 1자 형의 곧은 다리이다.

1자 형과 ㄱ자 형 자세의 차이점을 알아보기 위해 벌 받을 때의 자세를 예로 들어보자. 남자 고등학교라서 그런지는 모르겠지만, 우리는 종종 엎드려뻗쳐 자세를 많이 한다(특히 수학시간에 잠을 잔다면 더더욱). 이때 정말 바보 같은 짓이지만 팔을 ㄱ자 형으로 굽히면 얼굴이 빨개지고 온몸이 부들부들 떨리면서 땀이 비 오듯이 흐르고 당장이라도 죽을 것만 같이 힘이 든다. 하지만 1자 형으로 하고 있으면 어느 정도 힘든 감은 있지만 적어도 ㄱ자 형으로 할 때보다 훨씬 편하다. 몸무게가 65~70킬로그램인 사람도 ㄱ자 형으로 굽히는 것이 힘든데, 9천~3만 킬로그램의 육중한 무게로 목이 기다란 공룡(용각류)이 이런 자세로 돌아다닌다면 한 발 내딛을 때 평생 쓸 힘을 다 쓰고, 두 발짝 내딛다가 어제 육식 공룡에게 잡아먹힌 친구를 만나게 될 것이다.

골반 가운데 뻥 뚫린 구멍의 정체

공룡의 골반 가운데 이상한 구멍이 하나 뻥 뚫려 있다. 무슨 구멍일까? 바로 허벅지 뼈의 연결 부위가 들어가는 구멍이다. 허벅지 뼈의 연결 부위와 골반 구멍은 마치 자물쇠와 열쇠 같다. 만약 골반 구멍과 허벅지 뼈의 연결 부위가 꼭 맞지 않는다면 고속도로에서 자동차가 달리다가 타이어가 빠진 것과 같다. 아마도 공룡의 다리뼈가 빠진다면 공룡 의사도, 공룡 병원

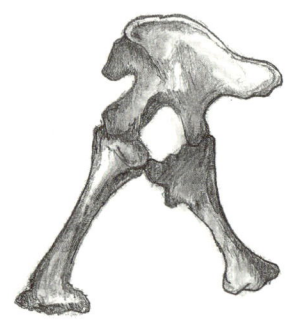 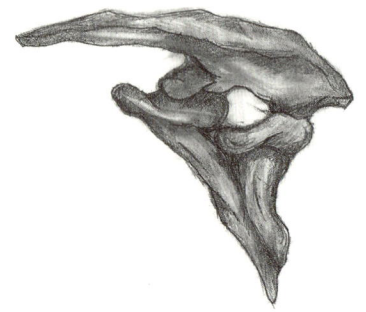

┃ 공룡의 골반

도 없으니 그 공룡은 그 자리에서 굶어죽거나 다른 육식 공룡에게 잡아먹혔을 것이다. 아무튼 공룡의 허벅지 뼈의 연결 부위와 골반 구멍은 장난감 로봇의 움직이는 관절처럼 쏙 들어맞는다.

우리가 보는 파충류는 골반 사이 척추를 움직일 수 있다. 그러나 공룡은 골반 사이 척추 3개(선추) 정도가 움직일 수 없게 마치 순간접착제를 발라놓은 것처럼 딱딱하게 붙어 있어 이 척추들을 평생 움직일 수 없다(그렇다고 누가 접착제를 발라놓은 건 아니다).

관람객의 질문 (천장을 보며) 우와! 익룡이다. 저건 공룡인가요?

천장을 보고 이런 질문을 하는 것은 대부분 다섯 살 정도의 어린이들이다. 공룡에 대한 관심이 가장 많은 나이가 아닌가? 이런 질문은 당연하다고 생각하면서 질문에 대해 흔쾌히 대답한다.

■ 익룡 람포린쿠스(공룡이 아니다)

"저건 공룡이 아니에요."

사실 모든 답은 질문에 있기 마련이다. 꼬마 친구의 질문은 '공룡=익룡' 이라는 관계가 맞는지 궁금했던 것이다. 이 질문에 대답하려면 공룡의 정의와 익룡에 대해 알아야 하지만 우리는 이미 공룡의 정의를 살펴보았기 때문에 익룡이 무엇인지만 알면 이 질문에 대한 답을 구할 수 있다. 그렇다면 익룡은 어떤 생물일까?

익룡은 중생대(공룡시대)에 나타나 공룡시대에 사라진 날개 달린 파충류다. 그런데 여기서 잠깐! 공룡에 날개가 있나? 나는 티라노사우루스가 날아다니는 것을 본 적도, 들어본 적도 없다. 만약 티라노사우루스와 같은 거대한 공룡들이 날아다녔다면 중생대가 얼마나 혼란스러운 시대였을까……. 트리케라톱스와 티라노사우루스의 공중전은 정말 상상이 되질 않는다. 아무튼 공룡은 날개가 없다. 그리고 공룡의 정의에서 공룡은 다리로 땅에서 걸어 다닌다. 그러나 익룡은 잠깐 땅에 내려오는 일은 있어도 공룡처럼 걷지 않기 때문에 공룡이 아니다.

공룡, 너의 이름은?

"너 자신을 알라."_소크라테스

"자기 이름의 뜻을 말해보세요."

이에 대해 대부분 초등학생들의 대답은 "……(말 없음)"이다. 나 또한 엄마한테 몇 번이나 뜻을 듣고 나서야 내 이름 '물 하, 벼루 연, 밝을 철'의 뜻이 '학문이 물 흐르듯 밝다'라는 것을 알게 되었다. 그렇다면 공룡의 뜻은 무엇일까?

1842년 어느 날, 영국의 리처드 오웬이라는 고생물학자가 이구아노돈, 메갈로사우루스, 힐라에오사우루스라는 세 마리 공룡을 비교하면서 연구하던 중 이상하다는 것을 느낀다. 분명히 비슷하게 생겼고 분명히 파충류인데 이놈들은 악어도 아닌, 도마뱀도 아닌 이상한 놈들이었다. 크기마저 커다란 이 이상한 놈들의 공통점, 곧 땅에서 살았던 거대한 파충류라는 것을 바탕으로 오웬은 공룡이라는 뜻의 '디노사우르Dinosaur'라는 새로운 단어를 만들어낸다.

공룡이라는 단어 속뜻을 알아보기 위해 'dinosaur'를 두 개로 쪼개보자.

deinos(무서운) + sauros(도마뱀)

위 단어들은 모두 그리스어에서 유래되었다. deinos는 그리스어로 '무서운, 강력한'이라는 뜻이고, sauros는 그리스어로 '도마뱀'이라는 뜻으로 이 둘을 합치면 '무서운 도마뱀'이고, 영어로 다이노소어dinosaur로 쓸 수 있다.

이때 대부분 나에게 "우리는 공룡이라고 부르잖아요. 공룡은 무슨 뜻인가요?"라고 묻는다. 질문에 대한 답은 한자에 숨어 있다. 공룡은 한자로 '恐(두려울 공) 龍(용 용)'이라고 쓴다. 뜻을 풀이하면 '두려운 용(무서운 용)'이 되어 결국 무서운 도마뱀을 한자로 쓴 것임을 알 수 있다.

알아두면 편리한 **공룡 상식**

● **저 화석은 진짜인가?**

내가 박물관에서 전시 해설을 할 때 가장 많이 받는 질문.

"저 화석은 진짜인가요, 가짜인가요?"

하루에도 몇 번씩 받는 질문이다. 박물관에서 진품과 복제를 어떻게 구별할 수 있을까? 누구나 확인할 수 있는 방법이 있다. 바로 화석을 지지하는 지지대를 확인해보는 것이다. 이게 무슨 소리인지 아직 감이 잘 오지 않을 것이다. 이제부터 사진을 보면서 천천히 살펴보자.

1. 복제 표본

화석을 지지하는 지지대를 찾아보자. 공룡의 발밑에서만 지지대를 찾을 수 있다. 나머지 지지대는 어디로 숨었을까? 바로 화석 사이를 뚫고 속에서 화석을 지지하고 있다. 이런 일은 복제이기 때문에 가능하다. 복제는 진짜 화석과는 다른 성분으로 이루어져 있고, 또 실제 공룡처럼 보이기 위해 화석을 뚫어 지지대를 설치했다(복제는 성분만 다를 뿐 모양과 크기는 동일하기 때문에 복제라고 무시하면 안 된다).

| 티라노사우루스 복제

2. 진품 화석

이제 진품 화석을 살펴보자. 화석은 쉽게 말해서 뼈가 돌로 바뀐 것이다. 뭐, 결론적으로는 돌이라고 할 수 있다. 공룡이 죽고 인간이 그 뼈를 발견하기까지 어마어마한 시간이 걸렸다. 그 오랜 시간 동안 돌로 변한 뼈는 만지면 가루가 될 정도로 약하다. 이런 화석을 뚫는 게 가능할까? 물론 불가능하다. 만약 가능하다 해도 그런 짓은 안 한다. 그래서 진품 화석의 지지대는 화석에 꼭 맞게 제작되어 화석을 밖에서 감싸기 때문에 지지대가 밖에서 다 보인다.

참 쉬운 방법이 아닐 수 없다. 박물관에서 진품인지 복제인지 알려주지 않아도 이제 화석을 지지하는 지지대를 확인해보면 공룡이 진품인지 알 수 있을 것이다.

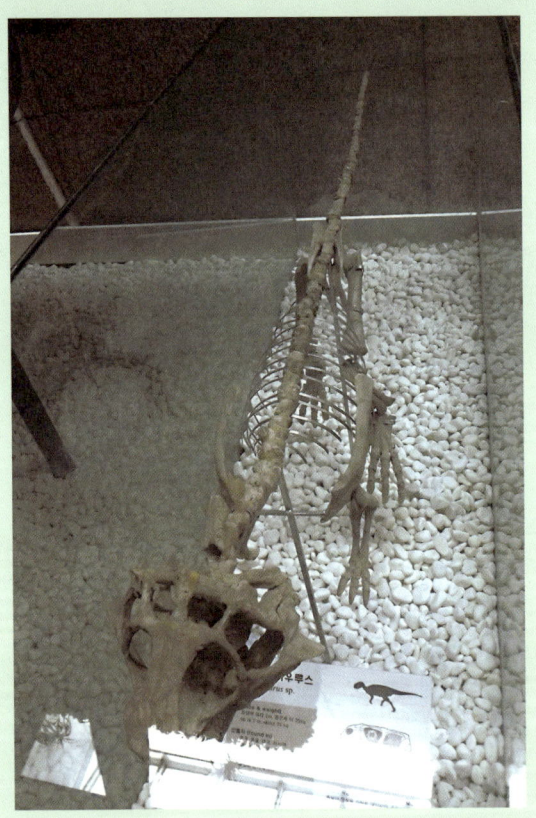

프시타코사우루스의 진품 화석으로, 화석을 감싸고 있는 지지대가 보인다.

화석은 무엇이고, 어떻게 만들어지는 걸까?

"화석은 뼈인가요?"

이 질문에 대한 답을 하기 전에 우리는 먼저 화석이 무엇인지에 대해 알아야 한다. 그렇다면 화석은 무엇일까? 관람객들 중 가끔 화석이 뼈라고 착각하는 분들이 있다. 하지만 화석은 엄밀히 말해서 뼈가 아닌 돌이다. 다시 말해 우리가 보는 화석은 뼈 모양의 돌이다. 우리가 보는 뼈 화석은 생물이 죽고 난 뒤 남은 뼈에 광물들이 스며들어 뼈가 돌로 바뀐 것이다. 또한 뼈 말고도 피부 흔적, 공룡 똥, 발자국 등이 모두 화석으로 남을 수 있고, 이것들 역시 돌이다. 그렇다면 화석은 어떻게 만들어지는 걸까?

뼈 화석이 생기는 과정
❶ 생물이 죽음을 맞이한다.
❷ 죽음을 맞이한 생물의 시체가 땅 속에 묻힌다.
❸ 뼈에 있는 성분들이 돌로 바뀐다(화석화 과정).

2.

티라노사우루스 *Tyrannosaurus*
_ 지구 최강의 포식자

우리 박물관의 중심 전시물, 티라노사우루스

박물관에 들어서자마자 가장 눈에 잘 띄는 티라노사우루스는 어른들의 발걸음을 멈추게 하고, 아이들에게는 공포의 대상이기도 하며, 또 누군가에겐 사진으로 남기고 싶은 경이로운 모습이기도 하다. 나는 이 경이로운 모습을 더 널리 알리기 위해 시작은 매번 똑같은 말로 티라노사우루스의 이야기를 풀어나간다.

"여러분, 이번에 소개해드릴 공룡은 박물관의 메인 전시물이자 지구 최강의 포식자 티라노사우루스입니다."

이 이야기를 날린 뒤 티라노사우루스의 경이로운 모습에 빠진 관람객들을 위해 3초 정도의 시간을 정적으로 보내고 첫 번째 질문을 던진다.

"티라노사우루스에겐 이름이 몇 가지가 있었을까요?"

다소 황당한 질문일 수도 있다. 티라노사우루스라는 이름이 있는데 또 다른 이름이라니, 이게 무슨 말인가? 때는 1892년 미국 사우스다코타 주, 고생물학자 에드워드 코프는 구멍이 뿡뿡 뚫린 커다란 목뼈 두 개를 발견한다. 코프는 이 목뼈의 주인이 트리케라톱스와 같은 거대한 뿔 공룡(각룡류)의 것이라고 생각하여 '마노스폰딜루스 기가스Manospondylus gigas'라는

▎티라노사우루스

이름을 붙였다.

  8년 뒤인 1900년, 와이오밍 주에서 거대한 육식 공룡의 화석 일부와 안킬로사우루스의 갑옷인 골편이 함께 발견된다. 문제는 이 둘의 화석이 같이 발견되고 나서 발생한다. 골편은 안킬로사우루스의 것이고 육식 공룡은 티라노사우루스였지만 당시에는 갑옷을 찬 새로운 육식 공룡이라고 생각하여 '디나모사우루스 임페리오수스'라는 이름을 붙였다(티라노사우루스만 한 크기에 갑옷을 걸친 육식 공룡이 있었다면 모양새 하나는 정말 끝내주는 육식 공룡이 되지 않았을까?). 지금 생각해보면 정말 황당한 일이었지만, 당시에 내가 그 자리에 있었더라도 그렇게 생각한 확률이 높다.

  공룡은 생각만큼 예쁘게 발견되지 않는다. 마치 종이에 인쇄된 것 같은 모양새는 극히 일부 화석에만 적용되는 사실이다.

티라노사우루스라는 이름으로 결정하기까지 1902년 미국 몬태나 주에서 나온 온전한 화석이 중요한 역할을 했다. 바넘 브라운이라는 고생물학자는 발굴된 티라노사우루스의 화석을 보고 최강의 육식 공룡이라고 확신했다. 몬태나 주에 묻혀 있던 티라노사우루스가 세상 위로 고개를 내밀기 전까지 확인된 육식 공룡은 알로사우루스, 메갈로사우루스, 케라토사우루스가 있었다. 이들 역시 강력한 육식 공룡이지만 티라노사우루스의 크기에 비하면 정말 작고 몸매가 날렵했다. 반면에 티라노사우루스의 크기는 발견 당시 가장 큰 육식 공룡이었고, 가진 무기 또한 다른 육식 공룡들과는 비교가 안 되는 최강의 포식자였다.

이렇게 티라노사우루스에겐 마노스폰딜루스, 디나모사우루스라는 이름이 생기게 되었다. 이 이름들 가운데 현재 우리가 부르는 이름은 헨리 오즈번과 바넘 브라운이 지어준 '티라노사우루스 렉스'이다.

티라노사우루스라는 멋있는 이름이 살아남게 된 것은 논문 규정이 운 좋게도 티라노사우루스에게 딱 맞아떨어졌기 때문에 가능한 일이었다. 이런 멋있는 이름 덕분인지, 경이로운 모습 덕분인지 발견된 이후로 끊임없이 사람들의 입에 오르내리며 공룡 세계를 대표하는 공룡으로 그 인기는 나날이 치솟고 있다(언제나 그랬듯이).

첫 번째 질문에 대한 이야기를 하고 나면, 신기해하는 표정으로 티라노사우루스를 쓱 훑어보시는 분부터 정말 충격적인 표정을 짓는 분들까지 반응이 다양하다. 나는 전시 해설을 이어나가기 위해 티라노사우루스의 개인적인 정보를 폭로하기 시작한다(물론 불법은 아니다).

"티라노사우루스는 정말 무서운 공룡입니다. 이제 티라노사우루스의 개인정보를 조금만 더 털어볼까요?

여러분이 지금까지 알고 있던 티라노사우루스의 이미지는 주로 어디서 만들어졌을까요? 영화 「쥬라기 공원」과 「쥬라기 월드」 영향이 상당히 컸어요. 그래서 지금부터 「쥬라기 공원」 영화 속에 등장하는 티라노사우루스에 대한 이야기를 해보려고 합니다."

티라노사우루스가 차를 따라잡는다고?

쿵! 쿵! 이거 들려요? 정말 겁나는군……. 빨리! 빨리! 빨리!
지금 나가야 해요! 엔진 켜요! 쿵! 쿵! 더 빨리 가야 해요!
_「쥬라기 공원 1」 티라노사우루스의 추격 장면

위 장면은 「쥬라기 공원 1」에서 손꼽히는 긴박한 장면 중 하나로 티라노사우루스가 자동차를 뒤쫓아오는 장면이다. 이 장면 말고도 「쥬라기 공원 2」에서도 버스를 쫓아가면서 공격하는 장면이 나온다. 이 장면이 왜 불가능한지 알아보자(※주의: 수식이 나오니 수식에 약하신 분들은 결론만 봐도 상관없음).

1976년 〈네이처 Nature〉지에 알렉산더 박사는 공룡의 속도를 구하는 방법에 대한 논문을 게재한다. 이번 주제에는 알렉산더 박사의 논문에 등장하는 공식을 사용해보겠다(수식에 약하신 분들은 결론만 보셔도 된다). 공식에는 세 가지 수치가 필요하다. 첫 번째 수치는 보폭(SL)이다. 보폭은 발자국과 발자국 사이의 거리를 말한다. 두 번째는 골반 높이(H)가 필요하다. 그다음으로 필요한 수치는 중력가속도(G)이다. 중력가속도의 수치는 9.8m/s로 계산한다(대부분 10으로 계산하지만 나에겐 계산기가 있다!).

공식 1. 보행속도(티라노사우루스가 걷는다면?)

$$V = 0.25 \times G^{0.5} \times SL^{1.67} \times H^{-1.17}$$

공식 2. 주행속도(티라노사우루스가 달린다면?)

$$V = \left(G \times H \times SL \times \frac{1}{1.8 \times H^{2.56}} \right)^{0.5}$$

위의 식들은 보기만 해도 거부감이 드는 물리 교과서에 나오는 식들과 비슷하다. 하지만 우리는 티라노사우루스의 속도가 궁금하기 때문에 조금만 졸음을 참아보도록 하자. 우리가 증명하려 하는 것은 티라노사우루스의 달리기 속도를 알고 싶은 것이기 때문에 두 번째 공식을 사용해보자(다음의 공식은 친절하게 한글로 바꿔놓은 것이지만 그래도 이런 공식은 왠지 어색하다).

달리기 속도 = $\left(\text{중력가속도}(G) \times \text{골반높이}(H) \times \text{보폭}(SL) \times \dfrac{1}{1.8 \times \text{골반높이}(H)^{2.56}}\right)^{0.5}$

다음은 수치를 대입하여 티라노사우루스의 주행속도를 계산한 값이다.

$(9.8 \times 4 \times 8 \times \dfrac{1}{1.8 \times 4^{2.56}})^{0.5} = 7.164...$

주행속도 공식에 수치를 대입하여 속도를 구한 결과 7.16m/s의 속도 값이 나온다(단, 세 번째 자리에서 반올림한 값이다). 이번 값을 차량의 속도로 환산해보겠다.

$7.164 m/s = 25.92 km/h$

즉, 티라노사우루스의 속력은 약 25km/h로 나온다. 이는 1시간에 25km를 갈 수 있는 속도라는 이야기다. 이제 이 속도를 자동차와 비교해보자. 60km/h보다 더 빨리 달릴 수 있는 차량을 티라노사우루스가 따라잡는다는 것은 불가능하다는 결론이 나온다. 여기서 잠깐! 지금까지 한 이야기는 티라노사우루스가 차를 따라잡을 수 없다는 이야기를 한 것이지, 느리다는 이야기를 한 것은 아니다. 만약 우리가 티라노사우루스와 눈이 마주친다면 어떻게 해야 될까?

인간의 달리기 속도는 대략 20km/h 정도로, 티라노사우루스보다 약간 느리거나 비슷할 것이다. 그러니 쥬라기 공원에서 탈출한 티라노사우루스와 눈이 마주친다면 뒤도 돌아보지 말고 뛰어라.

이제 두 번째 이야기로 넘어가 보자. 두 번째 이야기는 티라노사우루스의 무기와 능력에 관한 이야기다. 물론 티라노사우루스의 능력은 여러분이 상상하는 것 이상일 것이다.

▌티라노사우루스

🦖 티라노사우루스가 바로 앞에 있는 사람을 못 알아본다고?

"움직이지 마. 움직이지 않으면 우릴 못 봐." _「쥬라기 공원 1」_

혼란에 빠진 쥬라기 공원에서 티라노사우루스가 탈출하자 사람들은 겁을 먹고 경직된 상태로 가만히 있는다. 겁을 먹은 사람들 사이에 있던 어느 고생물학자는 이렇게 말한다. "움직이지 마. 움직이지 않으면 우릴 못 봐." 정말 안심이 되는 말이다. 하지만 정말 티라노사우루스가 바로 앞에 있는 사람을 못 알아볼까?

사실 정말 잘 알아본다. 여러분의 바짝 선 털과 동공 지진이 일어난 안구까지도 티라노사우루스는 볼 수 있다. 이런 사실을 확인하기 위해선 티라노사우루스의 두개골을 봐야 한다.

"티라노사우루스가 어디를 보고 있죠?"
"앞을 보고 있어요."

눈은 왜 두 개일까? 2D를 3D로 보기 위해서, 즉 입체지각을 하기 위해 눈이 두 개인 것이다. 우리가 볼 수 있는 각도를 '시야각'이라고 한다. 우리가 눈을 업그레이드하는 방법이 있다. 바로 두 눈이 함께 볼 수 있는 시야각을 늘리는 것이다. 시야각이 많이 겹치면 겹칠수록 더 정확한 지각과 판단이 가능하다.

그렇다면 티라노사우루스의 시야각은 몇 도였을까? 티라노사우루스의 시야각은 55도 정도로 다른 육식 공룡보다 시야각이 넓고 두 눈은 앞을 향해 있다. 이런 점은 티라노사우루스가 장님 공룡이 아닌 무서운 포식자였다는 것을 알 수 있다(참고로 대부분 육식 공룡의 두 눈은 앞이 아닌 옆을 향해 있는 구조이기 때문에 20도 정도밖에 되지 않는다).

만약 2100년 정도에 우리가 공룡 복제에 성공해서 쥐라기 공원을 개장했다고 생각해보자. 여러분은 개장하자마자 바로 쥐라기 공원의 시험자로 발탁되어 미리 관람을 하다 공원 전체의 전력이 나가버려 탈출한 티라노사우루스와 눈이 마주치게 된다면 어떻게 해야 할까? 만약 영화에서처럼 가

▌ 티라노사우루스(오른쪽)와 에드몬토니아(왼쪽)

만히 서 있는다면 정말 어리석은 죽음을 맞이하게 될 것이다.

그렇다면 여기서 우리는 한 가지 궁금증을 가지게 된다.

"티라노사우루스는 시체 청소부였나요, 사냥꾼이었나요?"

티라노사우루스는 우리에게 가장 인기가 많은 공룡이다. 때문에 많은 관심만큼이나 논란을 낳았고, 티라노사우루스를 중심으로 두 가지 의견이 형성되었다.

첫 번째, 티라노사우루스는 시체 청소부?

우리가 흔히 생각하는 사나운 티라노사우루스의 이미지는 무서운 사냥꾼의 모습이다. 그러나 1917년 티라노사우루스가 사냥꾼이 아니었을 것이라고 생각한 사람이 있었다. 바로 로렌스 램이라는 학자였다. 로렌스 램이 근거로 든 것은 티라노사우루스의 친척인 고르고사우루스로, 램의 주장은 다음과 같다.

"고르고사우루스의 이빨이 많이 닳지 않은 것으로 보아 사냥꾼이 아니었을 것이다. 따라서 그 사촌인 티라노사우루스도 사냥꾼이 아니었을 것이다."

하지만 육식 공룡은 이빨을 자주 갈았기 때문에 이 주장의 전제 자체가 의심되는 상황에서 사람들의 주목을 받지 못했다. 한동안 시체 청소부라는 의견이 주목받지 못하였으나 이런 이야기를 다시 수면 위로 끌어올린 사람은 고생물학자 잭 호너였다. 잭 호너는 다섯 가지 근거를 바탕으로 시체 청소부라고 주장했다.

❶ 티라노사우루스의 앞다리가 짧아도 너무 짧다.
❷ 티라노사우루스는 후각이 발달했는데 후각이 발달한 동물들은 시체 청소부들이다.
❸ 티라노사우루스의 굵은 이빨과 강한 턱은 뼈를 씹어 먹기 위한 것이다.
❹ 티라노사우루스는 눈이 작다.
❺ 티라노사우루스는 느리다.

잭 호너가 주장한 다섯 가지 이유에 따르면 결국 티라노사우루스는 시체 청소부가 된다. 하지만 이 의견에 반박하기 위해 토마스 홀츠가 나섰다.

두 번째, 티라노사우루스는 사냥꾼!

고생물학자 토마스 홀츠는 티라노사우루스가 시체 청소부라는 데 문제가 있다고 생각했다. 그래서 홀츠는 조목조목 반박을 달기 시작했다.

❶ 티라노사우루스의 앞다리가 짧은 것은 안 써서 퇴화된 것이다.
❷ 시체 청소부만 후각이 발달한 것은 아니다. 사냥꾼의 후각 역시 뛰어나다.
❸ 시체 청소부라고 알려진 하이에나 역시 턱 힘이 강하지만, 죽은 고기는 하이에나가 먹는 음식의 아주 일부에 지나지 않는다.
❹ 티라노사우루스의 눈은 작은 크기가 아니다(현생 동물들과 비교해볼 때).
❺ 티라노사우루스는 뛰지 못했다. 넓은 보폭으로 빨리 걸었다.

이렇게 토마스 홀츠의 반박으로 티라노사우루스의 정체성을 둘러싼 논란은 지금까지 공룡 마니아와 고생물학자들에게 인기 있는 이야깃거리로 오르내렸다. 그러던 2012년, 미국의 〈국립과학원 회보

| 티라노사우루스의 앞다리

Proceedings of the National Academy of Sciences〉에 '티라노사우루스가 사냥꾼인 증거Physical evidence of predatory behavior in Tyrannosaurus rex'라는 제목으로 캔자스 대학의 데이비드 번햄이라는 고생물학자가 연구 결과를 게시한다. 연구 결과의 내용은 제목 그대로 "티라노사우루스는 사냥꾼이란 말이야!"를 전달하고 있다.

데이비드 번햄은 사냥꾼이었다는 증거로 구사일생한 하드로사우루스(초식 공룡) 한 마리를 소개한다. 하드로사우루스의 꼬리에는 상처가 남아 있는데 이게 바로 티라노사우루스 종류에게 물렸다가 아문 흔적이라는 것이다.

이렇게 티라노사우루스가 사냥꾼이었는지, 시체 청소부였는지에 대한 의견은 현재까지도 팽팽하게 대립하고 있다.

지금쯤이면 여러분이 가지고 있던 티라노사우루스에 대한 이미지가 어느 정도 깨졌을 것이라고 생각한다. 이제 그 이미지를 티라노사우루스의 무기에 대해 살펴보면서 새로운 티라노사우루스의 이미지로 채워보자.

티라노사우루스, 너는 어떤 무기를 가졌니?

티라노사우루스 하면 떠오르는 이미지는 크고 강력한 이미지다. 그런 이미지는 어디서 나온 걸까? 바로 티라노사우루스의 몸집과 두개골에서 나온 것이다. 관람객들 가운데 특히 초등학생들이 가장 많이 하는 질문은 티라노사우루스의 크기에 관한 것이다.

"티라노사우루스가 가장 큰 공룡인가요?"

흔히 공룡의 왕이라는 이미지로 사람들의 뇌리에 박힌 티라노사우루스에 자동적으로 따라오는 착각일 것이다. 그에 대한 내 답은,
"아니에요, 티라노사우루스는 가장 큰 공룡의 자리를 빼앗겼습니다."
"!??!???"

초등학생들의 반응과 학부모님들의 반응이 일치하는 순간이다. 물론 티라노사우루스가 커다란 육식 공룡이고, 사람들을 한입에 잡아먹을 수 있는 것도 맞는 사실이다. 또한 티라노사우루스가 발견될 당시에는 가장 커다란 육식 공룡이었다. 하지만 고생물학자들은 점차 티라노사우루스보다 더 커다란 육식 공룡들을 찾아내기 시작했다.

"이쪽으로 오시면 티라노사우루스보다 더 큰 육식 공룡들의 두개골을 보실 수 있습니다. 왼쪽은 기가노토사우루스, 오른쪽은 카르카로돈토사우루스입니다. 그리고 여기 전시되어 있지는 않지만 스피노사우루스 또한 티라노사우루스보다 거대한 공룡이었습니다."

지질박물관의 메인 전시실에 전시된 티라노사우루스의 크기는 12미터로 상당히 거대하다. 이 티라노사우루스에서 조금 이동하여 1층과 2층을 올라가는 계단 바로 옆에 커다란 두개골 두 개가 나란히 전시되어 있다. 하

▌기가노토사우루스 두개골

▌카르카로돈토사우루스 두개골

나는 기가노토사우루스, 하나는 카르카로돈토사우루스로, 티라노사우루스보다 거대한 육식 공룡이었다. 이들은 각자 다른 대륙에서 생태 피라미드의 꼭대기 자리에 앉아 왕으로 군림했다.

아무튼 다시 티라노사우루스 이야기로 돌아와서 티라노사우루스는 도대체 어떤 무기를 가졌기에 자기보다 더 큰 공룡들을 제치고 '공룡의 왕'이라는 칭호를 얻었는지 알아보자.

뼈를 부수는 거대한 바나나 이빨

티라노사우루스의 이빨은 정말 극단적으로 강하다. 이 이빨을 사람이 들고 사냥한다면 칼보다는 망치에 가까울 정도로 크다. 일반적인 육식 공룡의 이빨은 날카로운 부엌칼과 닮아 있다.

그러나 티라노사우루스의 이빨은 일반적인 육식 공룡과 다르다. 티라노사우루스의 이빨은 두껍고 뭉툭해 바나나와 비슷한 크기에, 비슷한 모습으로 송곳에 비교할 수 있다. 이렇게 두껍고 강력한 티라노사우루스 이빨이 얼마나 강력한지 알아보기 전에 티라노사우루스의 턱을 만져볼 수 있게 전시해 놓은 턱을 살펴보자.

"옆에 전시된 티라노사우루스의 턱은 만져보실 수 있습니다. 자, 먼저 이빨의 뒷면을 만져보세요."

마치 제주도 하루방의 코처럼 너 나 할 것 없이 티라노사우루스의 턱을 만진다. 잠시 후 몇몇 사람은 이빨의 뒷면을 만져보면서 뭔가 느낌이 이상하다는 듯이 갸웃거린다.

"이빨 뒷면에 칼날과 같은 오돌토돌한 부분이 느껴지시나요? 여러분이 만지신 부분은 티라노사우루스 이빨의 톱니입니다."

티라노사우루스의 이빨을 자세히 들여다보자. 미세한 톱니가 이빨 뒷면에 보일 것이다. 육식 공룡들이 톱니를 쓰는 이유는 우리가 고기를 먹을 때 칼로 써는 것과 같다. 어쩌면 인간보다 고기를 더 좋아하는 육식 공룡들에게 그들 취향에 맞는 전용 칼을 가지고 다니는 것은 필수였을 것이다. 그러고는 이렇게 외치겠지.

"레어로 해주세요!"

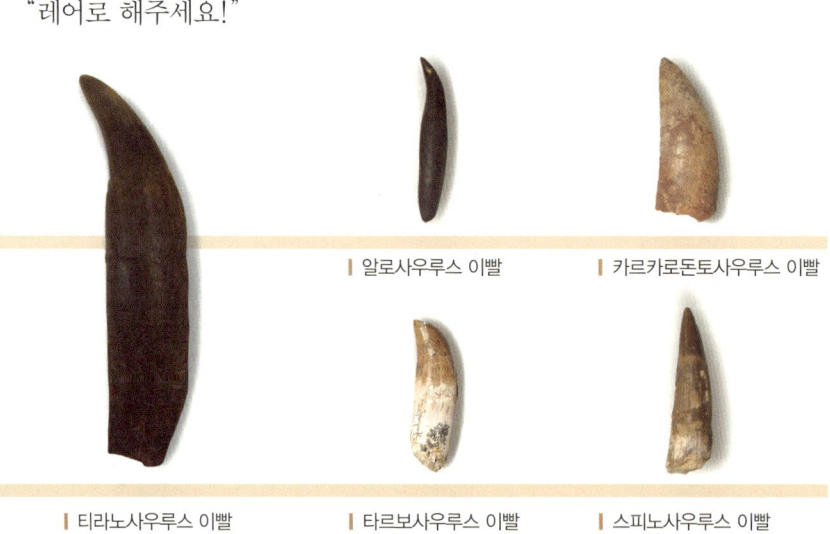

▎티라노사우루스 이빨　　▎알로사우루스 이빨　　▎카르카로돈토사우루스 이빨
　　　　　　　　　　　▎타르보사우루스 이빨　　▎스피노사우루스 이빨

관람객의 질문 "정확히 티라노사우루스의 무는 힘은 얼마나 강한가요?"

무언가를 주관적인 수치가 아닌 객관적 지표로 정의하려는 것은 아마도 인간의 본능에 가까울 것이다. 먼저 티라노사우루스의 무는 힘(치악력)은 5700킬로그램으로, 이를 힘의 단위인 뉴턴으로 환산하면 5만 5860N이다 (이때 1kg의 물체를 움직이거나 변형시키는 작용을 힘이라고 한다. 국제적으로 이 힘의 단위를 뉴턴N이라고 정했다). 이 힘이 얼마나 강력한지는 아직 우리가 경험한 상대적 지표가 존재하지 않기 때문에 감이 오지 않을 것이다.

일반적으로 알려진 치악력에 관한 지표에서 성인 남성의 평균 치악력은 490N, 늑대는 약 1800N, 사자는 2900N, 호랑이는 3400N 정도다.

이렇듯 티라노사우루스의 무는 힘, 즉 치악력은 엄청나게 강력하며 현재 살아 있는 동물들 가운데 티라노사우루스를 따라갈 동물은 없는 것으로 보

| 티라노사우루스 턱

인다. 티라노사우루스의 이 힘은 흔히 휴게소에서 보이는 커다란 트럭 한 대가 내 위로 떨어진다고 생각하면 된다. 어쩌면 이런 힘을 가하는 이빨의 형태는 문다는 표현보다 으깬다는 표현이 맞을지도 모른다.

> **재미있는 사실 1 서로서로 깨무는 티라노사우루스**
>
> 시카고 필드박물관에 살고 있는 티라노사우루스 목뼈에서 다른 티라노사우루스의 이빨이 발견되었다. 고생물학자들은 이와 같이 동족을 깨무는 행동이 서로를 잡아먹기 위한 것인지, 서로에게 사랑을 표현하기 위한 것인지, 짝짓기를 위한 경쟁인지는 아직 결론을 내리지 못하고 있다. 하지만 서로를 깨물었다는 사실만은 확실하다.

관람객의 질문 "티라노사우루스랑 스피노사우루스랑 싸우면 누가 이겨요?"

전시 해설 도중 특히 어린이들에게서 매주 등장하는 단골 질문이다. 여기에 대한 이야기를 하기 전에 질문을 던진다.

"「쥬라기 공원 3」에서 스피노사우루스와 티라노사우루스의 전투 장면을 보신 분?"

여기저기서 손을 드시는 분들이 많이 보인다.

"혹시 그 장면이 「쥬라기 공원 3」을 망하게 한 장면이라는 것을 알고 계신가요?"

「쥬라기 공원 3」에는 팬들만 아는 재미있는 이야기가 하나 있다. 영화의 명장면이라고 할 수 있는 티라노사우루스와 스피노사우루스의 전투 장면에서 스피노사우루스가 승리한다. 이 소식을 들은 티라노사우루스의 팬들이 「쥬라기 공원 1, 2」에서의 이미지가 너무 강력해서일까, 아예 영화 자체를 보지 않게 된다. 그렇게 영화의 흥행 신화는 예상치 못한 곳에서 깨져버리고 만다(물론 많은 관객이 봤지만 상대적으로 전편보다는 줄어들었다는 얘기다).

아무튼 흥행 실패 이야기는 이쯤 해두고 전투 장면에 대해 자세히 살펴보자. 우선 전투 장면을 크게 세 개로 나눠서 각각의 시나리오를 다시 써 보자.

장면 1: 티라노사우루스가 스피노사우루스의 목을 물고 흔든다.

실제 전투였다면 이번 장면에서 싸움은 끝이 났을 것이다. 앞에서 소개했듯이 티라노사우루스에게는 강력한 턱과 약 30센티미터의 거대한 바나나 모양의 이빨들이 있다. 티라노사우루스가 스피노사우루스의 목을 물었다면 바나나 모양의 이빨들이 경추(목에 위치한 척추)를 파고들어 산산조각을 냈을 것이고, 그 속에 위치한 중추신경계 역시 망가져 스피노사우루스의 몸이 제 기능을 하지 못했을 것이다. 그러나 영화 속에선 그래픽의 실수인지 감독의 의도인지, 목을 물리고도 목에 상처 하나 없이 살아남은 스피노사우루스는 반격을 위해 앞다리를 티라노사우루스에게 휘두른다. 참 질긴 생명력과 회복력이다.

▍티라노사우루스와 스피노사우루스

장면 2: 티라노사우루스가 스피노사우루스를 몸통으로 밀친다.

스피노사우루스에게 넘어지는 것은 치명적인 상처가 되었을 것이다. 스피노사우루스의 등에는 부채 모양의 특이한 구조물이 있다. 이런 거대한 구조물의 지지대는 척추뼈다. 전투 중에 스피노사우루스는 티라노사우루스의 몸통 박치기를 받는다. 다행히 스피노사우루스는 반쯤 넘어질 뻔했지만 다리로 지지하여 완전히 넘어가지는 않는다. 만약 스피노사우루스가 넘어졌다면 등에 있는 척추뼈로 지지하는 구조물이 충격을 받아 척추뼈가 부러져 죽었을 것이다. 그 넓은 뼈를 다 깁스해 주려면…….

장면 3: 스피노사우루스가 티라노사우루스의 목을 물고 앞다리로 비튼다.

티라노사우루스에게 몸통 박치기를 당하고 난 뒤 스피노사우루스에게 다시 한 번 반격의 기회가 찾아온다. 그때 스피노사우루스는 티라노사우루스의 목덜미를 물고 앞다리로 목을 비틀어 단방에 끝내버린다. 스피노사우루스의 앞다리는 상당히 강했던 것으로 추측된다. 그러나 사람 손처럼 무언가를 잡고 돌리기에 적합한 구조가 아니었다. 때문에 티라노사우루스의 목을 마치 딸기 잼 뚜껑을 따는 아빠처럼 비틀어버리기에는 무리가 있을 것이다.(오도도도독?)

따라서 예상되는 최종적인 승자는 티라노사우루스다. 그런데 사실 두 공룡은 서로 한번도 만나지 못했다. 티라노사우루스는 미국 출신 공룡이고, 스피노사우루스는 아프리카 출신 공룡이었기 때문에 티라노사우루스 대

▎스피노사우루스 화석

스피노사우루스의 장면을 보는 것은 불가능했을 것이다(어느 한쪽이 대륙 사이 바다를 헤엄쳐서 건넌다면 가능할지도?).

> **재미있는 사실 2** 티라노사우루스는 날마다 싸웠을까?
>
> 아프리카의 수사자가 가장 많이 하는 일은 사냥이 아니다. 잠을 자는 것이다. 잠을 많이 잔다고 해서 약한 동물이라는 뜻은 아니다. 하이에나 열 마리와 수사자 한 마리가 싸우면 수사자가 압도적으로 승리를 거둔다.
> 이렇듯 대부분의 공룡 책과 인터넷의 이미지는 흥미진진함을 위해 전투 장면을 그림으로 표현하지만 그것이 육식 공룡의 전부는 아닐 것이다. 이렇듯 우리는 새로운 시각으로 열린 마음과 뛰어난 상상력을 발휘하여 공룡을 바라볼 필요가 있지 않을까? 어쩌면 티라노사우루스는 잠꾸러기였을지도 모른다.

앞다리가 짧아 등을 긁지 못하는 슬픈 영혼, 그리고 나의 이상한 계산

"티라노사우루스의 앞다리는 얼마나 되었을까요?"
"네, 약 1미터 정도입니다."

티라노사우루스의 앞다리는 짧디짧기로 소문났다. 그런데 성삭 티라노사우루스의 골격을 보면 생각보다 앞다리가 길다는 분들이 있다. 그래서 나는 그날 집에서 정말 이상한 계산을 시작한다.

"아! 티라노사우루스 앞다리의 비율을 사람의 팔 길이에 적용시켜보자."
나는 복잡한 수식이 아닌 중학교에서 자주 쓰는 비례식을 써보기로 했다.
"음……, 티라노사우루스의 몸길이 12미터에 앞다리 길이 1미터, 성인 남자 키를 어림잡아 180센티미터로 하고 미지수를 x로 한다면……."

$12 : 1 = 1.8 : x$

위와 같은 식이 등장한다. 수학시간은 아니지만 수학을 이용해보기로 하자. 계산 결과는 충격적이게도 15센티미터라는 값이 나온다. 건장한 180센티미터의 남성의 팔이 15센티미터인 것을 상상해보자(잘 상상이 되지 않을 것이다).

만약 여러분의 팔 길이가 대략 15센티미터라고 가정해보자. 여러분은 이 책을 힘겹게 두 팔로 잡고 열심히 읽는 도중 갑자기 대장이 여러분의 배에 초인종을 눌러대는 통에 급하게 화장실로 향한다. 일단 일을 보긴 했는데……. 앗, 화장실에 비데가 없네?!?

이렇게 길이로 따지면 정말 쓸모없는 티라노사우루스의 앞다리다. 그러나 티라노사우루스의 앞다리가 마냥 쓸모없던 것만은 아니었을 것이다. 우리가 아무리 죽어라 운동을 한다 해도 한 손으로 200킬로그램을 드는 게 가능할까? 티라노사우루스에게는 가능했다. 티라노사우루스는 한쪽 앞다리로 200킬로그램을 들 수 있는 이두박근이 있었다.

이런 강력한 힘을 내는 앞다리에는 여러 가지 의견이 있다. 티라노사우루스가 엎드렸다 일어날 때 사용했다는 의견과 먹잇감을 붙잡을 때 사용했거나 배우자를 안을 때 사용했다는 의견까지……. 상상은 여러분에게 맡긴다.

점박이가 티라노사우루스라고?

"(3D 프린팅 된 두개골을 보여주며) 이건 누구의 두개골일까요?"
"티라노사우루스요! 알로사우루스요! 고르고사우루스요!"
"이건 타르보사우루스의 두개골입니다."

EBS「한반도의 공룡」에 등장한 점박이 타르보사우루스를 누구나 한 번쯤 사진으로라도 본 적이 있을 것이다. 타르보사우루스는 티라노사우루스와 비슷한 생김새로 많은 어린이들에게 착각을 불러일으킨 공룡이다. 그렇다면 타르보사우루스와 티라노사우루스는 대체 어디가 어떻게 다른 것일까?

먼저, 타르보사우루스는 아시아 일대에서 발견되는 육식 공룡인 반면에 티라노사우루스는 미국에서만 발견되는 대형 육식 공룡이다. 하지만 이것만으로 우리가 두 공룡을 구별하기에는 약간 부족하다. 그래서 지금부터 잠깐 두 공룡의 두개골을 살펴보자.

티라노사우루스의 주둥이는 비교적 짧고 두꺼운 반면, 타르보사우루스의 주둥이는 길고 가늘다. 이빨과 코뼈에서도 차이가 있다. 이빨은 당연히 티라노사우루스가 더 두껍고 강력하다. 그리고 코뼈는 타르보사우루스의 능선이 더 완만해서 산으로 비유하면 오르기 쉬운 형태이다. 그에 비해 티라노사우루스의 코뼈는 등반하기가 조금 어렵다.

그 밖에도 결정적인 차이점 한 가지가 있다. 우리의 세 번째 이야기 주제를 잠깐 떠올려보자. 세 번째 이야기 주제는 티라노사우루스가 앞을 잘 볼 수 있었는지에 관한 얘기였다. 그때 잠깐이지만 양안 시각(두 눈으로 보는 것)에 대해 이야기를 했다. 우리는 티라노사우루스가 다른 공룡들보다 앞을 더욱 정확하게 볼 수 있었을 것이라는 결론을 찾아낼 수 있었다.

그런데 타르보사우루스는 티라노사우루스와는 조금 다르다. 티라노사우루스의 두 눈은 앞을 향해 있는 반면, 타르보사우루스의 두개골은 형태가 좁고 날렵해서 두 눈이 상대적으로 옆을 향한다. 그래서 티라노사우루스보다 정확한 지각은 어려웠을 것이다(그렇다고 완전히 장님 공룡은 아니었다).

이런 특징들로 티라노사우루스와 타르보사우루스를 구별할 수 있다. 이런 특징을 미처 발견하지 못한 옛날, 타르보사우루스가 티라노사우루스로 오해를 받아 타르보사우루스 바타르가 아닌 티라노사우루스 바타르라는 학명을 받은 적이 있었다. 다행히 다른 종으로 밝혀져 지금은 쓰이지 않는다(하지만 아직도 전라남도 해남 우항리 공룡박물관에 전시된 육식 공룡의 골격에 붙어 있는 안내판에는 '티라노사우루스 바타르'라고 표기되어 있다).

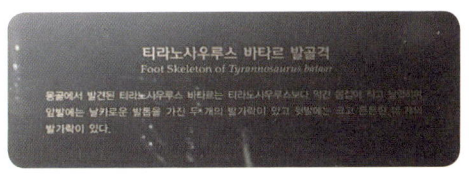

| '티라노사우루스 바타르'로 표기된 안내판

타르보사우루스

● 3D프린터를 이용해서 공룡화석을 만들어보자.

많은 어린이들이 화석을 좋아하지만, 저가의 화석이 아닌 이상 진짜 화석을 만져보고 체험해보긴 쉽지 않은 게 현실이다. 하지만 이런 현실을 단번에 뛰어넘어 꿈을 실현할 수 있는 도구가 있다. 바로 3D 프린터. 내가 3D 프린터를 처음 접한 것은 고등학교 1학년 때였다. 하지만 처음부터 3D 프린터를 공룡에 사용했던 것은 아니다.

1. 시작은 협동으로

시작은 한국교원대학교에서 진행된 대한민국 융합기술축전에서 3D 프린터 부문에 출전하면서부터였다. 나는 1년에 한 번씩 2년에 걸쳐 두 번 대회에 출전했다. 2015년 처음 대회에 나갈 때는 3D 프린터를 다루는 것에 대한 두려움이 있었지만, 3D 프린터 대회에 참가할 사람은 교무실로 오라는 방송을 듣고 교무실로 달려갔다.

일단 무작정 나가긴 했지만, 프로그램을 잘 다룰 줄 몰랐기 때문에 자신감보다는 두려움이 앞섰다. 그때 한 친구가 그 고민을 해결해주었다. 이석훈이라는 친구는 디자인보다는 프로그램에 관심이 있었는데 그 친구와 팀을 이뤄 나가게 된 것이었다. 그래서 우리는 역할 분담을 시작했다. 종이에 1차적인 스케치와 디자인은 내가 하고 그걸 3D 프린터로 구현하는 것은 이석훈이 하기로 했다.

이런 협업을 바탕으로 우리는 첫 번째 대회 주제를 받게 되었다. 첫 번째 대회 주제는 책상에서 사용할 물품을 만드는 것이다. 하지만 첫 번째 대회는 시험기간과 겹쳐 우리가 대회를 준비할 수 있는 시간은 시험이 끝나는 당일 12시간밖에 없었다. 그래서 우리는 중간고사가 12시에 끝나자마자, 놀러가는 대신 과학실로 올라가서 머리를 맞대고 고민하기 시작했다. 2시간을 짜장면과 함께 고민한 끝에 나는 생명과학시간에 배운 생체 모방을 적용하기로 했다.

　나는 벽에 붙을 수 있다는 개코도마뱀의 디자인을 살려 개코도마뱀 전구를 스케치했지만 곧 문제점에 부딪히게 된다. 곡선을 3D로 구현하는 문제였다. 그때 옆에서 석훈이가 단면을 이어붙이는 방식으로 구현해보자는 얘기를 꺼냈고 우리는 성공을 거두게 되었다. 아마 석훈이가 없었다면 성공하지 못했을지도 모르는 대회에서 나는 협동의 중요성을 느낀다. 고등학생들에게도 경쟁보다는 협동이 필요하지 않을까?

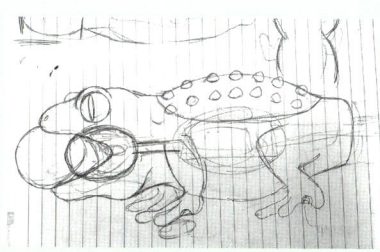
▎개코도마뱀 디자인 스케치

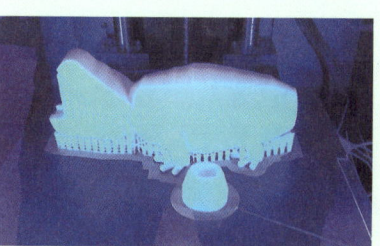
▎개코도마뱀 모형

▎완성품

2. 응용은 다양하고 화려하게

대회가 끝나고 다시 일상으로 돌아온 뒤 나는 곰곰이 3D 프린터를 어떻게 이용해야 할지 생각해보던 도중 기가 막힌 생각이 머릿속을 스쳐 지나갔다.

"아! 공룡화석을 만들면 되겠구나!"

「쥬라기 공원」에 3D 프린터와 비슷한(아마 3D 프린터일지도) 기계로 학자들이 공룡의 발성기관을 만들어 소리를 내고 다니는 장면이 있다. 사실 그 장면이 나에게는 무척 충격이었다. 잊고 있었던 그 장면이 다시 떠오르면서 너무 비싸 사진으로밖에 볼 수 없던 화석들을 3D 프린터를 이용해서 인쇄하기 시작했다. 그렇게 점차 인쇄하기 시작한 공룡 뼈들이 내 방 한구석을 차지하고 있을 때 나는 인쇄한 공룡 화석들을 좀 더 가치 있게 활용하고 싶었고, 주말에 박물관 전시 해설에서 3D 프린터로 인쇄한 공룡 골격들을 이용하기 시작했다.

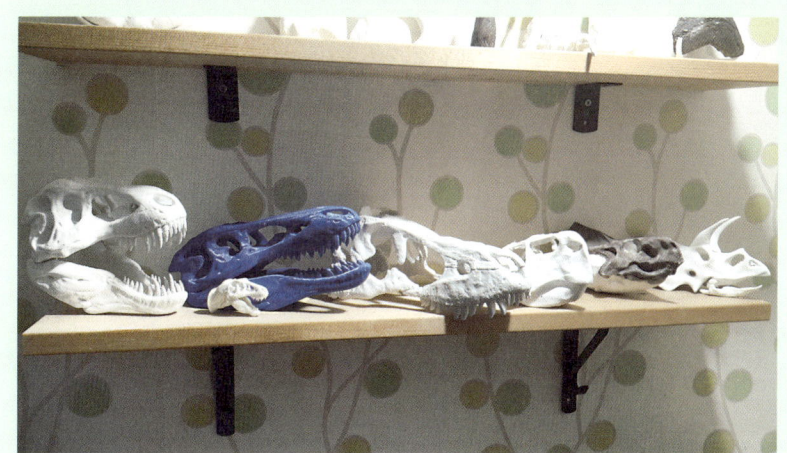

▎다양한 공룡의 두개골

▎공룡 화석

그런데 왜 두개골인가?

나는 공룡의 정체성이 바로 두개골에 모두 함축되어 있다고 생각했기 때문이다. 예를 들어 친구들의 손만 보고는 친구들을 구별하는 것은 쉽지 않다. 하지만 얼굴을 보고 구별하는 것은 쉽다. 이처럼 공룡의 머리는 그 공룡의 상표이자 정체성이라고 생각한다. 때문에 공룡의 머리를 갖고 있으면 마치 공룡 한 마리를 다 가진 기분을 느낄 수 있다고나 할까. 아마도 그런 것 같다.

3. 타르보사우루스 – 너는 너무 비슷해

어렸을 때부터 타르보사우루스와 티라노사우루스의 모습이 비슷해 이 둘은 나에게 헷갈리는 공룡 1순위였다. 게다가 직접 타르보사우루스의 머리를 구하는 것은 여러모로 불가능한 일이라 나는 그 차이점을 글과 사진으로 배울 수밖에 없었다. 그런 나에게 3D 프린터는 혁신적인 존재로 다가왔고, 어느새 3D 프린터 출력 목록은 공룡 화석들로 도배가 되기 시작했다. 그중 하나가 타르보사우루스로, 나는 인쇄가 끝난 뒤 그 주 일요일에 대전 지질박물관으로 달려가 티라노사우루스의 머리와 비교해보았다(확실히 글보다는 학습 효과가 높다).

▌타르보사우루스 두개골

▌국립중앙과학관의 두개골　　　▌지질박물관의 두개골

▍해남공룡박물관의 두개골

▍티라노사우루스의 잘못된 자세

4. 3D 프린터는 엄청 비싸지 않나요?

요즘 3D 프린터의 가격이 많이 낮아져 일반 가정에서 이용하는 가전기기와 비슷한 수준으로, 잘만 하면 생각보다 훨씬 싸게 구입할 수 있다. 그런 3D 프린터를 이용해 무엇이든지 만들어낼 수 있다. 나는 이러한 장점을 공룡 화석에 응용했고 덕분에 우리 집의 일부는 공룡박물관이 되었다. 이 책을 읽는 여러분의 꿈이 무엇이든 3D 프린터는 좋은 도구가 되지 않을까 생각한다.

• 대표적인 3D 프린터 파일 무료 다운로드 사이트: www.thingiverse.com

3. _____

에드몬토니아 *Edmontonia*

_ 탱크의 변신

"적 전차 제압, 계속 공격하겠음. 이상!"_퓨리

모든 공룡이 티라노사우루스처럼 강력한 무기가 발달된 것은 아니다. 세상은 언제나 그랬듯이 최고의 칼을 만들어내면 최고의 방패가 뒤따라온다. 그래서 나는 이런 갑옷공룡들을 탱크라고 부른다. 이제 최고의 방패 갑옷공룡의 이야기를 시작해보자.

갑옷공룡은 두 종류?

갑옷공룡, 하면 떠오르는 이미지를 생각해보자. 온몸이 갑옷으로 덮여 있고 꼬리는 거대한 망치를 장착한 이미지가 떠오른다. 하지만 지질박물관에 살고 있는 갑옷공룡을 자세히 살펴보자.

"다음으로 에드몬토니아의 꼬리를 봐주세요. 곤봉이 없습니다."
"어! 그러네. 정말 꼬리에 망치가 없다."

사실 갑옷공룡은 안킬로사우루스과와 노도사우루스과로 나뉜다. 이 두 종류는 꼬리를 보면 구분하기 쉽다. 우리의 머릿속에 있는 갑옷공룡의 이미지는 안킬로사우루스의 모습일 가능성이 높다. 안킬로사우루스과의 모습은 온몸이 갑옷으로 덮여 있고 꼬리에 곤봉을 달고 있다. 반면에 노도사우루스과는 몸 옆으로 갑옷이 발달되어 있고 꼬리에는 곤봉이 없다. 자, 지질박물관에 전시된 에드몬토니아의 모습을 살펴보자.

"어디 보자. 곤봉이 없는 꼬리와 옆으로 발달한 골판……."

그렇다. 에드몬토니아는 노도사우루스과에 속하는 갑옷공룡이다. 에드몬토니아는 노도사우루스과 중에서도 거대한 갑옷공룡이다. 이런 거대한 갑옷은 배고픈 육식 공룡도 주저하게 만들었을 것이다.

관람객의 질문   "에드몬토니아는 왜 고개를 숙이고 땅을 보고 있나요?"

정말 예리한 관찰력이다. 에드몬토니아와 같은 갑옷공룡에게는 고충이 있다. 바로 목을 잘 움직일 수 없었다는 것. 갑옷공룡들은 그 이름에 걸맞게 거대한 골편으로 이루어진 갑옷을 등에 두르고 있다. 이때 문제가 발생한다. 갑옷이 워낙 무거워 일부 척추 뼈와 엉겨붙어버린 것이다. 그렇게 갑옷공룡은 목이 약간 굽은 상태로 땅을 바라보게 되었다.

에드몬토니아

꼬리 곤봉

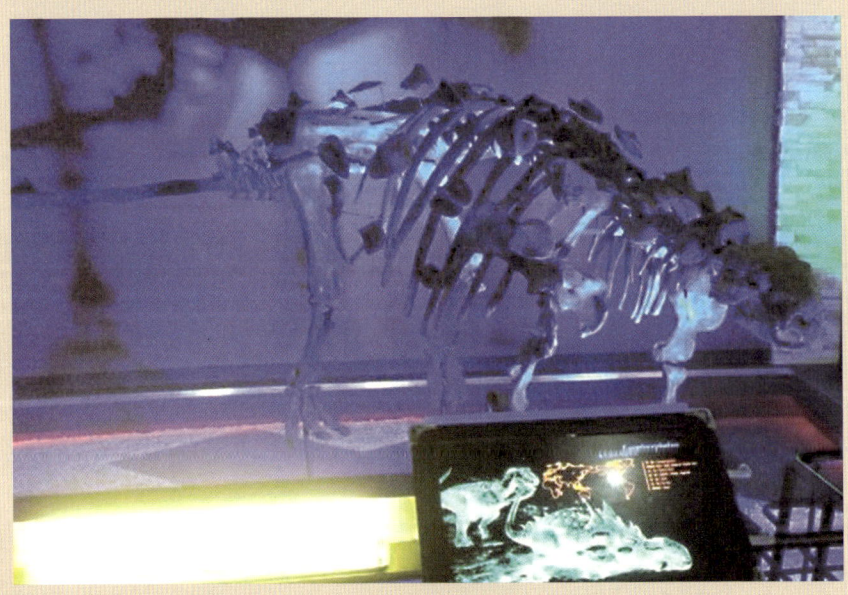
'잘 무장된 머리'라는 뜻의 유오플로케팔루스. 꼬리 부분에 커다란 곤봉을 지녔다.

관람객의 질문 "갑옷공룡은 어떻게 싸웠나요? 혹시 영화에서처럼 뒤집힐 수 있었나요?"

2016년에 개봉한 영화 「쥬라기 월드」 때문에 나온 질문일 것이라는 생각이 순간 머리를 스친다. 영화 속에선 유전자 조작 공룡 인도미누스 렉스가 안킬로사우루스를 뒤집어서 잡아먹는다. 정말 이런 것이 가능했을까?

안킬로사우루스의 몸무게는 2000~3000킬로그램이었다. 이런 장면을 재현하려면 한 손에 최소 1000킬로그램을 분산시켜야 하는데 과연 소형 트럭 1대를 한 손으로 드는 게 가능할까? 티라노사우루스의 팔도 한 손에 200킬로그램, 두 손이면 400킬로그램인데 안킬로사우루스를 들려면 다섯 배는 더 강해져야 한다. 그래서 이런 장면은 재현하는 것은 아마 불가능할 것이다. 그렇다면 갑옷공룡은 어떻게 싸웠을까?

갑옷공룡은 '싸운다'라는 표현보다는 '방어한다'라는 표현이 더 적절할 것 같다. 특히 곤봉이 없는 노도사우루스과 같은 경우 무기라고는 어깨에 달린 돌출된 갑옷밖에는 없다. 반면에 안킬로사우루스는 곤봉으로 육식공룡의 다리나 몸통을 치게 되면 뼈가 부러져 치명상을 입힐 수 있었을 것이다.

4.

트리케라톱스 *Triceratops*
_ 거대한 세 개의 뿔

뿔 공룡, 아시아에서 미국까지 걸어가다

우리가 보는 트리케라톱스는 어디서 온 공룡일까? 한 번쯤 화석으로 변한 트리케라톱스에게 던질 만한 질문이다. 그에 대한 답은 옆에 있는 프시타코사우루스가 해준다.

"트리케라톱스, 그들의 조상은 아시아에서 걸어왔다."

초기 뿔 공룡들은 대부분 아시아에서 발견되는데 그들 중 대표적인 종류는 프시타코사우루스와 프로토케라톱스다(프시타코사우루스의 진품 화석만 지질박물관에 전시되어 있다). 프시타코사우루스와 프로토케라톱스에 대해서 알아보자.

| 프로토케라톱스 모형

| 주니케라톱스 골격

4. 트리케라톱스 _ 거대한 세 개의 뿔   67

원시적인 뿔 공룡 – 트리케라톱스의 할아버지

지금부터 알아볼 두 공룡은 모두 아시아에서 발견되는 원시적인 뿔 공룡이다. 이들은 현재 미국에서 발견되는 뿔 공룡들의 할아버지의 할아버지 정도라고 할 수 있다.

첫 번째로 프시타코사우루스는 크기가 진돗개 정도로 가장 원시적인 뿔 공룡이다. 이들은 지금의 아시아에서 앵무새 같은 생김새로 풀을 뜯어 먹고 살았다. 현재 새끼부터 성체까지 많은 화석이 발견되었고, 최근 연구로 색깔과 깃털의 존재까지 밝혀진 뿔 공룡이다.

다음으로 조금 더 진화한 프로토케라톱스를 살펴보자. 프로토케라톱스에겐 프시타코사우루스와는 달리 '프릴'이라는 '목장식'이 존재했지만 트

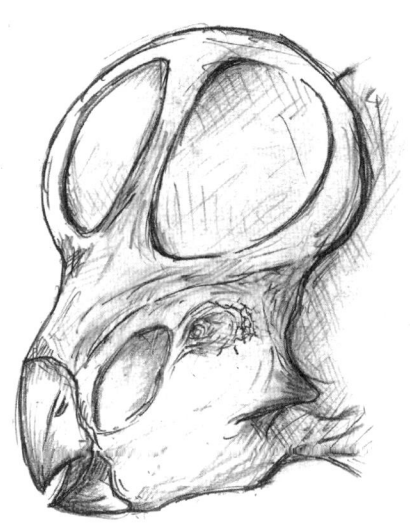

┃ 프로토케라톱스 스케치

리케라톱스처럼 거대한 뿔은 존재하지 않았기 때문에 육식 공룡들에게 아주 좋은 먹잇감이었을 것이다. 아마 내가 육식 공룡이라면 날마다 프로토케라톱스의 무리만 찾아다니지 않았을까?

이들은 아시아에 살던 원시적인 뿔 공룡이었다. 그런데 어느 날 아시아와 북아메리카 대륙이 육교로 연결되어 있을 때 아시아에 있는 풀들이 마음에 들지 않았는지 단체로 짐을 싸서 아시아에서 미국으로 걸어서 이주를 시도한다. 이주한 뿔 공룡들은 마냥 편하지만은 않았을 것이다. 티라노사우루스와 다코타랩터처럼 거대한 육식 공룡들이 득실대는 곳이었기 때문에 이들은 육식 공룡과의 전투에서 살아남기 위해 다양한 모습으로 진화했다(그렇게 티라노사우루스와 트리케라톱스의 대결 구도가 완성된다). 그중 우리가 아는 트리케라톱스의 모습이 대표적이다. 이렇듯 진화는 언제나 스트레스와 비례하는 것 아닐까.

"어릴 때 내가 제일 좋아했던 공룡이야, 정말 아름답군." 「쥬라기 공원 1」

매우 멋있게 생긴 공룡 중 하나인 트리케라톱스는 그들만의 특별한 구조를 가지고 있다. 특별한 구조에는 특별한 이야기가 뒤따르는 법, 이제 그들의 이야기를 들으러 가보자.

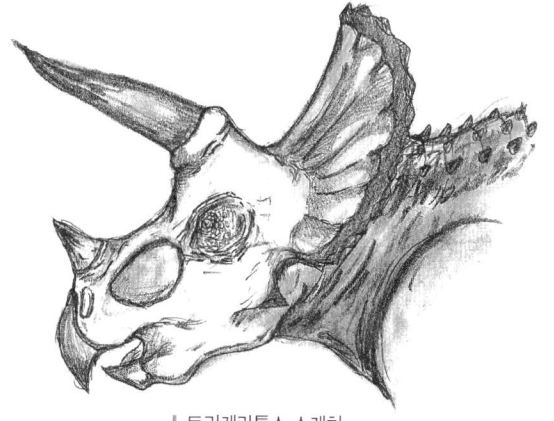

▮ 트리케라톱스 스케치

4. 트리케라톱스 _ 거대한 세 개의 뿔

▌ 트리케라톱스의 프릴 화석

공격적인 초식 공룡?

땅에선 티라노사우루스가 어슬렁거리며 먹잇감을 찾아 배회하고, 하늘에서는 굶주린 케찰코아틀루스와 같은 거대한 익룡들이 날아다니던 시절에 트리케라톱스는 자신을 보호하기 위해 몇 가지 무기를 개발한다. 일단 그들의 이름을 살펴보자.

트리케라톱스를 풀어보면 그리스어로 tri(세 개) keras(뿔) ops(얼굴)로 '세 개의 뿔이 있는 얼굴'이라는 뜻이다. 이들에게는 머리 윗부분에 기다란 뿔 두 개와 코에 뿔 하나, 이렇게 뿔이 세 개 있다. 또한 뿔 뒤엔 프릴이라는 거대한 목장식이 있다.

▍트리케라톱스 턱

▍트리케라톱스 스케치

케라톱스 종류

국립중앙과학관의 트리케라톱스

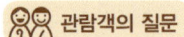 **관람객의 질문**   "이런 장식들이 정말 공격용이었나요?"

앞에서 말했듯이 트리케라톱스에게는 뿔 세 개와 프릴이라는 화려한 구조물들이 있다. 언제나 모든 증거는 화석에서 찾기 때문에 이번에도 그 증거를 화석에서 찾아보려 한다. 답은 의외로 간단한 곳에 있다. 종종 트리케라톱스의 완전한 두개골이 아닌 부러진 뿔들만 발견되곤 한다. 왜 부러진 뿔만 발견되는 것일까? 크게 두 가지 시나리오를 생각할 수 있다.

첫 번째 시나리오 : 트리케라톱스 간의 경쟁

흔히 뿔이 달린 동물들은 짝짓기를 위해 경쟁한다. 이때 서로 격렬한 전투를 벌이는 것이 대부분이며 누구 하나가 물러가야 끝이 난다. 아마 이런 격렬한 싸움을 트리케라톱스도 피할 수는 없었을 것이다. 9미터짜리 트리케라톱스 두 마리가 서로 뿔을 들이밀며 충돌했다면 어느 쪽이든 뿔이 부러졌을 것이다.

두 번째 시나리오 : 육식 공룡과의 싸움

우리가 흔히 생각하는 이미지다. 숙명의 라이벌 티라노사우루스와 트리케라톱스는 언제나 둘 중 하나가 죽어야 하는 싸움으로 묘사되고 있다. 만약 달려오는 티라노사우루스에게 말랑말랑한 살을 내어주는 대신 회끈하게 뿔로 배에 구멍을 내주는 것으로 대응한다면 뿔은 충분히 부러질 수 있다. 이런 장면의 흔적은 화석에서도 찾아볼 수 있다.

| 트리케라톱스

트리케라톱스의 뿔은 앞을 향하고 있어 마치 창을 두 개 달고 있는 전차와 비슷하다. 앞을 향하고 있다는 것은 "가까이 오지 마, 다쳐!"라는 경고를 암묵적으로 전달하고 있는 것이다. 이런 의사를 전달했음에도 배고픔에 못 이겨 다가오는 육식 공룡은 트리케라톱스에게 불침을 맞고 돌아갔을 것이다.

4. 트리케라톱스 _ 거대한 세 개의 뿔

트리케라톱스의 방패

"인간은 화살과 칼을 막기 위해 방패를 사용했고, 트리케라톱스는 이빨을 막기 위해 프릴을 사용했다."

트리케라톱스에게 프릴이 얼마나 중요했기에 목 디스크를 감수하면서까지 지녔던 것일까? 트리케라톱스의 이야기를 직접 들어보자.

"아마도 내 친구가 육식 공룡에게 당하기 3일 전이었던 것 같다. 그 날은 유독 햇빛이 화창했고 우리 무리는 우두머리를 따라 물가로 이동하고 있었다. 이동 중 나는 갑자기 누군가 지켜본다는 느낌에 온몸에 소름이 돋아 풀숲을 바라봤다. 풀숲에 아무것도 없다고 생각하고 고개를 돌리는 순간, 우렁찬 포효소리가 들려왔고 무언가 빠르게 나를 향해 돌진해왔다.

▎트리케라톱스 두개골

▌트리케라톱스 앞모습

나는 본능적으로 뿔을 앞으로 향하고 프릴을 들이댔다. 뿔에 찔린 육식 공룡은 내 목을 물어 죽이려고 몇 번이나 시도했으나 프릴 때문에 포기하고 상처를 입은 채 돌아갔다."

위 이야기는 내가 상상하여 꾸민 이야기이지만, 아마 이런 일은 트리케라톱스에게는 흔한 일이었을 것이다. 여기서 우리는 프릴의 용도에 대해 두 가지로 생각해볼 수 있다. 첫 번째 용도는 장식용으로 사용했다는 이야기다. 아마도 짝짓기를 위해 화려한 장식을 가지고 있었거나 육식 공룡에게 겁주고 몸집을 커 보이게 하기 위해 프릴이 발달했을 것이다. 두 번째는 방패로 사용했다는 이야기다.

위 이야기의 주인공은 육식 공룡에게 상대의 목을 물릴 뻔했으나 프릴로 방어한다. 사실 육식 공룡이나 동물들의 공격에서 상대의 목을 물어 단번에 즉사시키는 것이 가장 편한 방법이다. 이런 이유 때문에 목을 보호하기 위해 무거운 프릴이 발달되었을 것이다.

우리는 이런 공격과 방어의 조화에 대해 트리케라톱스에게 배울 점이 많다. 트리케라톱스는 육식 공룡과의 싸움을 위해 강력한 뿔을 진화시켰다. 하지만 육식 공룡처럼 모두 날카로운 뿔에만 투자하지 않고 프릴이라는 방패를 만들어 공격과 방어를 적절히 구사했다. 이런 부분에서 공격이면 공격, 방어면 방어처럼, 하나만 추구하는 방식이 아닌 적절한 조화를 통해 새로운 체계를 갖추면서 공룡 세계에 적응했음을 알 수 있다.

알아두면 편리한 **공룡 상식**

● "이건 무슨 화석인가요?"

"공룡 똥입니다."

갑자기 공룡 똥이라니 당황스러울 수밖에 없을 것이다. 하지만 여러분이 상상하는 그런 이미지가 아니다(말캉말캉하고 김이 모락모락 피어올라 냄새가 퍼지는 그런 모습). 사실 똥이라고 소개한 것은 공룡의 똥 화석이다. 충격적이겠지만 공룡의 응가 역시 화석으로 남는다. 이러한 공룡 응가를 어디에 쓸 수 있을까?

동물의 응가는 동물의 식성을 알아내는 데 필요하지만, 이런 연구를 하기에 앞서 이게 누구의 응가인지 알아야 한다. 하지만 공룡의 응가만으로는 누구의 응가인지 알기 어렵기 때문에 각각의 식성을 조사하는 것은 사실 불가능하다고 할 수 있다. 다만 이 응가가 초식 공룡의 것인지 육식 공룡의 것인지를 구별하는 정도로 공룡의 식성을 어느 정도 추측해볼 수 있을 뿐이다(모양은 아직 응가의 형태를 간직하고 있기 때문에 만지기가 약간 좀 그렇다).

▎ 공룡 똥(분) 화석

5.

디플로도쿠스 *Diplodocus*
_ 채찍꼬리

흔히 지구상에서 가장 큰 동물 취급을 받는 생물이지만 실상은 그렇지 않은 공룡(가장 큰 생물은 흰수염고래다)은 목이 긴 공룡들이다. 지질박물관에 유일하게 전시된 목이 긴 공룡이기도 한 디플로도쿠스는 어떤 사연과 이야기를 가지고 있을지 기대를 가지고 다시 공룡시대로 들어가보자(얼마 전 지질박물관의 전시물 교체로 두개골만 전시되어 있었지만 지금은 전시관이 바뀌어서 볼 수 없는 공룡 화석이다).

육식 공룡에게 빨간 줄무늬를

"디플로도쿠스는 어떻게 육식 공룡과 싸웠나요?"

초식 공룡인 디플로도쿠스가 어떻게 육식 공룡에게 줄무늬를 만들어줄까? 생각보다 간단하다. 바디 페인팅과 같은 평화로운 방법이 아닌 빨간 줄이 남을 때까지 꼬리로 휘둘러 패는 것이다(사실 한 대만 맞아도 선명한 줄무늬가 생겼을 것이다). 초식 공룡이라면 누구나 자신을 육식 공룡으로부터 지킬 수단이 필요했을 터. 그래서 트리케라톱스는 뿔과 프릴을 만들었고, 디플로도쿠스는 채찍형 꼬리를 만들어냈다.

5. 디플로도쿠스 _ 채찍꼬리   83

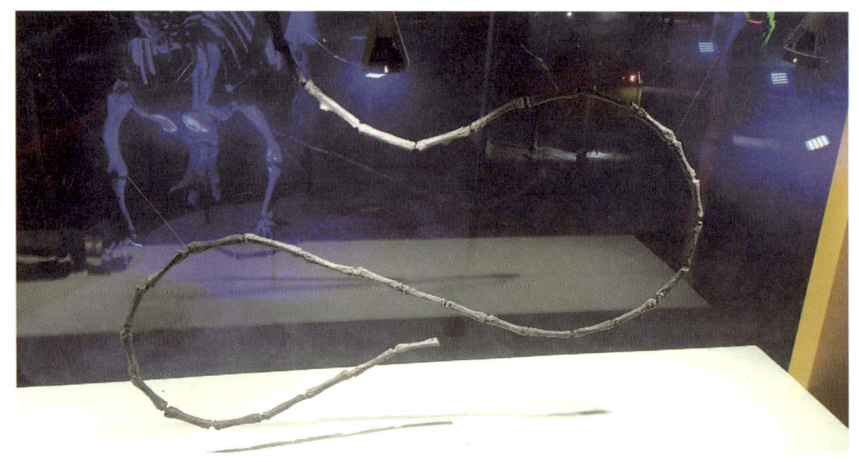
| 디플로도쿠스 꼬리뼈

    이런 꼬리로 맞아봐야 얼마나 아팠겠냐고? 한 대 맞아보면 그런 소리가 절대 안 나올 것이다. 아마 죽을지도? 디플로도쿠스의 몸집은 몸길이 25미터로 거대하다. 이런 몸집에 채찍형 꼬리라니, 아마 육식 공룡들에게 꼬리는 공포의 대상이었을 것이다. 아무 생각 없이 다가갔다간 꼬리에 맞아 죽거나 빨간 줄무늬를 달고 도망갔을 테니…….

세이스모사우루스, 가장 거대했던 디플로도쿠스

"기깅 기다란 공룡이 세이스모사우루스였나요?"

언제나 그랬듯 가장 커다란 것은 사람들의 이목을 집중시킨다. 세이스모사우루스의 이야기가 세상에 나오게 된 것은 1991년 몸길이 30미터 정도의 거대한 공룡 화석이 발견되면서였다. 이 공룡은 한때 몸집 50미터가 넘을 것이라는 추측과 함께, 가장 거대한 공룡이라는 명성에 '지진 도마뱀'이라는 별명을 얻는다. 그렇게 계속된 전설을 써 내려가고 있던 도중 세이스모사우루스에게 청천벽력과 같은 소식이 들려온다. 사실 세이스모사우루스라는 공룡은 없고, 세이스모사우루스라 불리던 공룡은 디플로도쿠스의 한 종인 디플로도쿠스 할로룸(할로룸은 종소명이며, 굳이 신경 쓰지 않아도 된다)이라는 것이다. 그렇게 가장 거대했던 세이스모사우루스라는 이름은 역사 속으로 사라지고 만다.

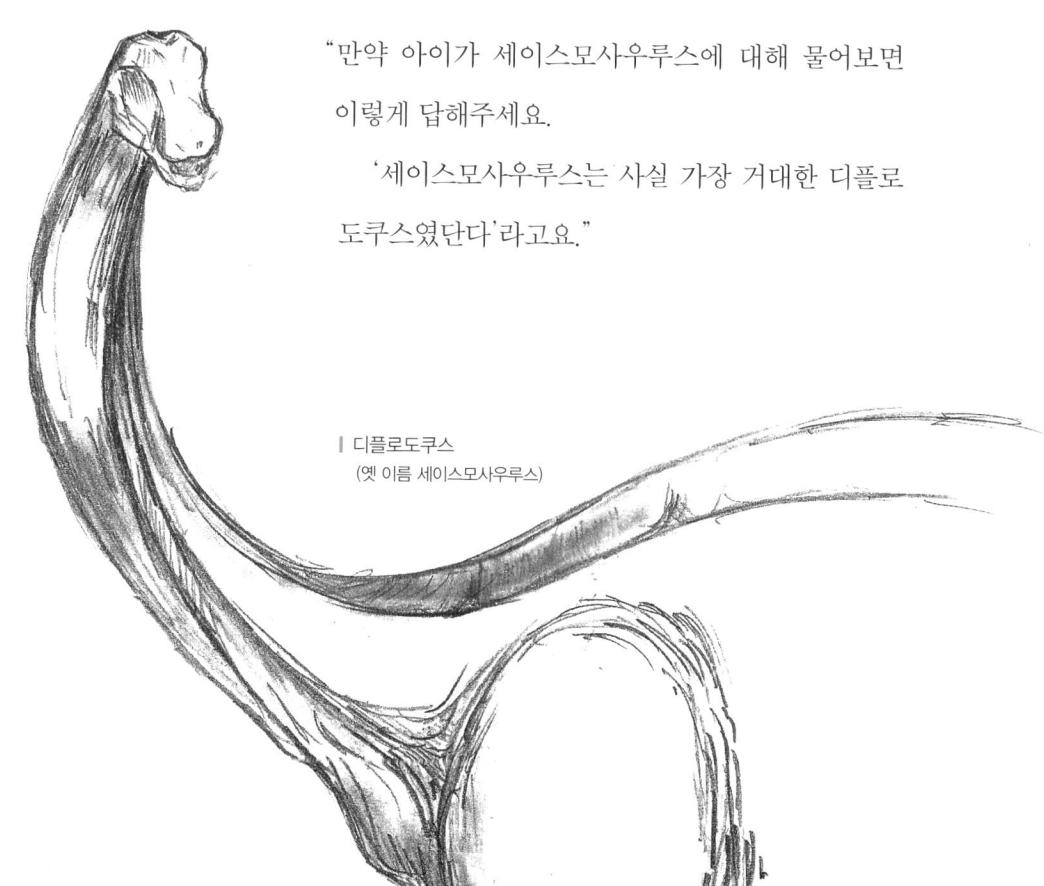

"만약 아이가 세이스모사우루스에 대해 물어보면 이렇게 답해주세요.
　'세이스모사우루스는 사실 가장 거대한 디플로도쿠스였단다'라고요."

| 디플로도쿠스
　(옛 이름 세이스모사우루스)

디플로도쿠스가 기어 다녔다고?

"옛날 우표나 그림에는 목 긴 공룡들이 기어 다니는 모습으로 등장하는데 실제로 그렇게 기어 다녔나요?"

한때 공룡이 도마뱀, 악어와 같은 모습과 느릿하다는 이미지가 합쳐져 느리게 기어 다니는 파충류로 해석되는 시절이 있었다. 그래서인지 그 시절에 그려진 그림들은 하나같이 공룡들이 꼬리를 질질 끄는 약간 모자란 모습이다. 그러나 정말 이런 자세로 다니는 것이 가능했을까?

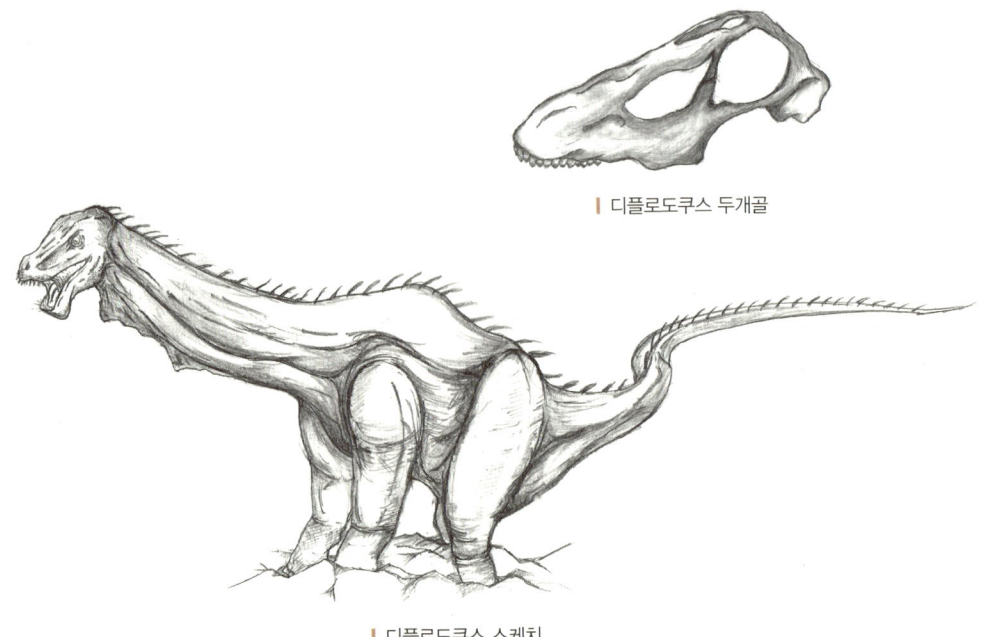

▎디플로도쿠스 두개골

▎디플로도쿠스 스케치

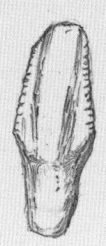
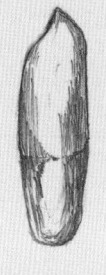

▌용각류 이빨

▌디플로도쿠스 머리 스케치

▌디플로도쿠스 다리뼈　　　　　▌발가락 뼈

목이 길고 배가 볼록한 용각류들이 기어 다녔다면 문제가 발생한다. 한 발을 내딛을 때마다 2미터의 구덩이를 파고 이동해야 한다는 것이다. 정말 그랬다면 한 발에 살아가는 데 필요한 모든 힘을 다 쓰고 두 발을 내딛는 도중에 생을 마감하는 짧은 삶을 살았을 것이다(아마 두 발자국 만에 생을 마감하고 싶은 생물은 없을 것이다). 그렇다면 디플로도쿠스처럼 목이 기다란 공룡들은 지금 어떻게 걸어 다닌 것으로 복원되었을까?

'여수 밤바다'를 밝히는 여수대교와 같은 아치형의 거대한 다리를 생각하면 된다. 이런 다리에 엄청나게 거대한 차가 그 위를 쌩쌩 지나 다녀도 끄떡없이 버틸 수 있는 건 효과적인 무게 분산 때문이다. 디플로도쿠스 역시 마찬가지다. 디플로도쿠스에게 무게 분산은 선택이 아닌 필수였을 것이다. 물론 꼬리를 학교에서 바닥 청소하는 대걸레처럼 끌고 다니지도 않았다.

관람객의 질문 "브라키오사우루스의 콧구멍은 어디 있나요?"

목이 긴 공룡의 화석 브라키오사우루스에 대한 설명을 하던 참에 나온 질문이다. 먼저, 왜 이런 질문이 나왔는지에 대해서부터 알아봐야 될 것 같다.

브라키오사우루스의 머리를 보면 가운데 볏이 튀어나와 있는데 사실 볏이 아니라 코뼈다. 따라서 볏처럼 생긴 코뼈에는 커다란 콧구멍이 두 개 있다. 이런 머리뼈에 곧이곧대로 살을 붙이면 콧구멍이 머리에 있는 해괴한 모습이 탄생한다. 이런 모습 덕분에 브라키오사우루스는 한때 물에서 살면

▎브라키오사우루스

서 머리에 달린 콧구멍만 밖으로 내놓고 생활했던 것으로 생각되었다.

그런데 브라키오사우루스가 물속에서 콧구멍만 내놓고 살면 문제가 생긴다. 일단 먹이는 물속에 있는 풀을 먹는다고 생각해보자. 그렇다면 뭐가 문제일까? 바로 수압이다. 브라키오사우루스와 같은 거대한 몸집을 가진 생물이 물에서 생활하면 수압에 장기들이 짓눌리고 쪼그라들어 죽게 될 것이다.

그럼 콧구멍의 진짜 위치는 어디일까? 만약 콧구멍이 머리에 있다면 콧구멍의 위치로 신경과 혈관의 흔적들이 모두 쏠려야 하는데 이런 흔적들이 볏이 아닌 주둥이로 쏠려 있음이 발견된다. 즉, 콧구멍이 다른 공룡과 비슷한 위치에 있었다는 얘기다. 이제 머리에 콧구멍이 달려 있는 해괴한 모습으로 다시 돌아갈 일은 없어 보인다. 🐾

6.

마이아사우라 *Maiasaura*

_ 엄마 공룡

지질박물관에는 복제 화석도 있고, 진품 화석도 있다. 그중에서 가장 커다란 진품 화석인 마이아사우라는 시선을 한몸에 받는 존재다. 이런 마이아사우라에게는 물고 뜯고 맛보는 먹방 이야기가 아닌 따뜻한 이야기가 있다. 이제 화끈했던 공룡 이야기에서 벗어나 잠깐 쉬어가는 따뜻한 이야기를 들어보자.

엄마, 밥 주세요!

"공룡은 새끼를 키웠을까요?"

이런 질문을 던지면 관람객들은 두 부류로 갈린다. 첫 번째, 악어를 떠올리면서 공룡이 새끼를 키웠을 것이라고 생각하는 부류와 두 번째, 거북을 떠올리면서 공룡이 새끼를 키우지 않았을 것이라고 생각하는 부류다. 정말 재미있는 현상이 아닐 수 없다. 같은 파충류를 떠올렸지만 생각의 결과는 정반대로 나와버렸으니……. 그렇다면 진실은 무엇일까?

진실을 알기 위해 미국 몬태나 에그마운틴으로 떠나보자. 공룡이 새끼를 키웠다는 이야기가 처음 나오게 된 배경에 새끼 마이아사우라가 있었다.

"아니, 엄마를 알아내려는 건데 화석을 봐야 한다고?"

| 지질박물관의 마이아사우라

그렇다. 엄마를 알려면 엄마 노릇을 했는지 알아봐야 한다. 우리는 그 흔적을 새끼에서 찾을 수 있다. 우리가 밥을 먹으려면 일단 뭘 해야 될까? "엄마, 밥 줘!"가 아니다(자칫 등짝을 맞고 밥을 못 먹을 수도 있다). 일단 거실에서 주방까지 걸어가야 한다. 그렇다. 일단 먹기 전에 걸어야 한다.

이제 다시 새끼 마이아사우라를 살펴보자. 우리는 새끼에게서 특이한 점을 발견할 수 있다. 새끼들의 이빨은 질긴 풀을 씹어 먹을 수 있을 정도로 발달되어 있지만 다리가 너무 약해서 걸을 수 없다. 실사 걸었나 해도 먼 거리를 이동해서 혼자 먹이를 찾을 정도는 아니다. 이게 어떻게 된 것일까? 이빨은 발달했는데 걷지를 못하다니……. 이 모든 의문점을 한 방에

▎마이아사우라 스케치

풀 수 있는 이야기를 잠시 생각해보자(정말 잠시만 공룡시대를 그리면서 생각해보자).

여러 가지 기발한 생각을 했을 것이다. 이상한 점들을 한번에 설명할 수 있는 방법은 새끼 마이아사우라는 엄마가 주는 먹이를 받아먹으면 된다. 다시 말해서 "엄마, 밥 줘!"를 외치면 되는 것이다. 이 소리를 들은 어미는 어디에선가 먹이를 물고 와 새끼에게 먹여줬을 것이고, 굳이 걷지 않아도 먹이를 먹을 수 있었다. 어미의 보호도 받아 생존확률을 높일 수 있는 나름의 생존전략이다(어쩌면 우리도 매일 그 전략을 쓰고 있지 않을까?).

다음 자료는 오리주둥이 공룡들의 자료 사진이다.

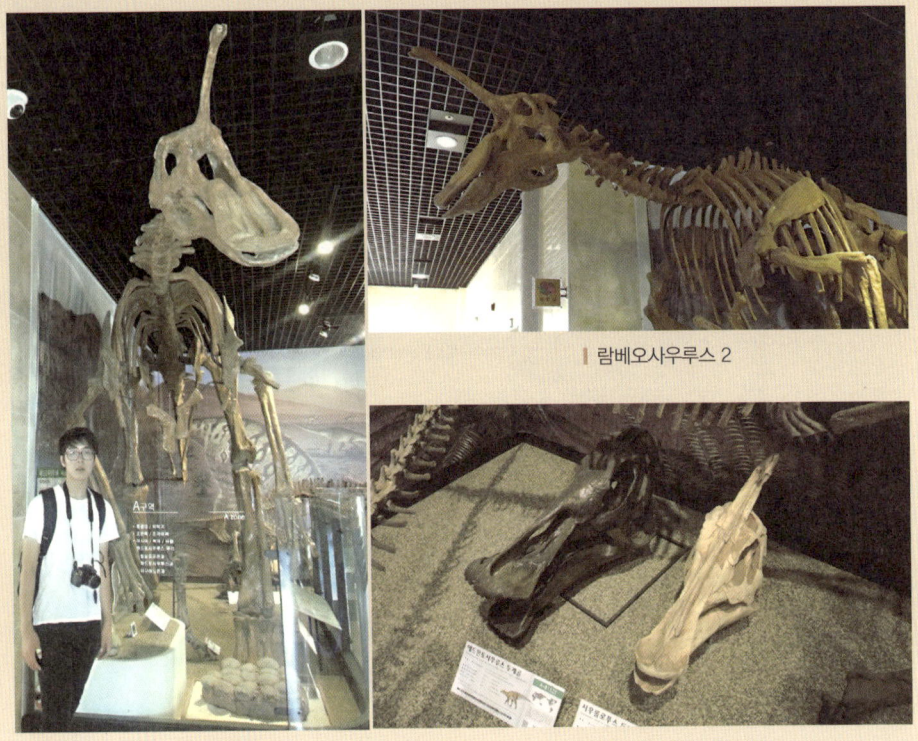

▍람베오사우루스　　　　▍람베오사우루스 2

▍오리주둥이 공룡들 두개골

▍파라사우롤로푸스 두개골

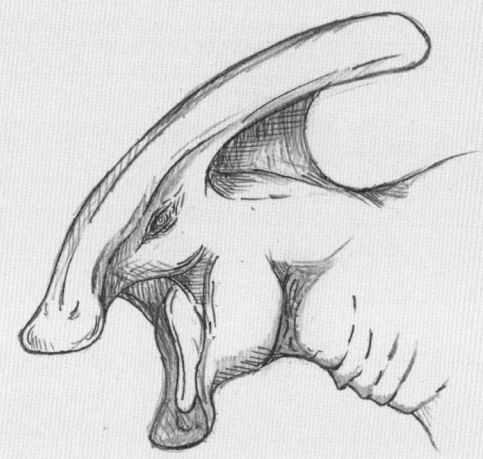

▎파라사우롤로푸스 스케치

▎이구아노돈 스케치

7.

드로마에오사우루스 *Dromaeosaurus*
_ 달리는 도마뱀

드로마에오사우루스라는 이름보다는 '랩터'로 통칭해서 많이 알려진 드로마에오사우루스과의 공룡은 「쥬라기 공원」에서 벨로시랩터로 등장하면서 유명해졌다. 이제 "이 공룡이 정말 벨로시랩터가 맞을까?"라는 의문에서부터 이 공룡에 대한 이야기를 시작해보자.

「쥬라기 공원」에는 벨로시랩터가 나오지 않았다?

"티미, 저게 뭐야?"(소곤소곤)

"벨로시랩터."

"이쪽으로 들어왔어."

(컹! 컹! 컹! 크아아앙!)

큰일이다. 벨로시랩터가 주방으로 들어왔다. 하지만 들어온 건 벨로시랩터가 아니다? 이게 무슨 일인가? 사실 영화 속에 등장한 랩터(일명 갈고리발톱을 가진 공룡의 줄임말)의 모습은 벨로시랩터가 아니다. 진짜 벨로시랩터는 높이가 1미터가 채 안 되며, 비유하자면 리트리버(안내견) 정도와 비슷했을 것이다. 이미 영화에서의 환상은 깨졌을 것이라 생각한다. 그래서 환상이 깨진 김에 하나만 더 깨고 진짜로 나아가보자.

사실 벨로시랩터와 같은 드로마에오사우루스과의 공룡, 일명 랩터들의 몸에는 깃털이 있었을 가능성이 높다고 한다. 즉, 영화에서 나오는 비늘이

7. 드로마에오사우루스 _ 달리는 도마뱀   97

| 지질박물관의 드로마에오사우루스

달린 뱀과 같은 파충류의 모습이 아닌 지금의 새와 같은 모습이었다는 것이다. 그렇다면 여기에서 새로운 궁금증이 생긴다.

"영화에서 나오는 랩터는 정말 존재했을까?"

우리는 완벽히 똑같은 종을 찾을 수는 없지만 그래도 크기와 모습이 비슷할 것으로 생각되는 랩터를 찾아볼 수 있다.
그중 첫 번째 후보는 유타랩터라는 거대한 랩터다. 몸길이 6~8미터로 사실 영화 속 랩터보다도 더 크고, 실제로 본다면 엄청난 위압감을 자랑했을 것이다(유타랩터는 미국 유타 주에서 발견되어서 붙인 이름으로, 이름은 발견자 맘대로 지을 수 있다).

두 번째 후보는 다코타랩터로 유타랩터보다 크기가 조금 작아 영화 속 랩터의 모습과 어느 정도 비슷한 느낌을 준다. 다코타랩터는 최근에 발표된 공룡으로 상대적으로 따끈따끈한 공룡이다. 몸길이는 6~7미터이고 높이는 사람보다 약간 더 커 영화 속 모습과도 딱 맞는 랩터다. 정말 신기한 건 「쥬라기 공원」은 1993년에 개봉한 영화이고, 다코타랩터는 2015년에 보고된 새로운 종이다. 마치 「쥬라기 공원」이 "나중에 이런 랩터가 나올 거야"라고 예언하듯이 맞힌 것 같다는 소문이 돌 정도로 엄청난 싱크로율을 자랑하는 공룡이다.

랩터와 랍토르, 도대체 뭐가 다른 걸까?

우리는 'velociraptor'를 '벨로시랩터(또는 벨로키랩터)'와 '벨로시랍토르'로 발음한다. 발음의 문제는 어린이들과 심지어 공룡에 관심이 없는 어른들까지 혼동하는 경우가 발생한다. 그래서 이번엔 랍토르와 랩터에 대해 한번 알아보고자 한다.

발음 1 : 랍토르(실제 발음은 르라라랍토르~)

랍토르라는 발음은 영어가 아닌 라틴어에서 온 발음이다. 학명은 라틴어로 표기하고 라틴어로 발음하는 것이 원칙이다. 따라서 발음하기가 무척 어렵다는 것이 함정이다.

발음 2 : 랩터

랩터라는 발음은 영어권 발음으로 맹금류를 뜻한다. 라틴어 랍토르가 영어권으로 넘어오고 「쥬라기 공원」에서 랩터로 발음되면서 랩터로 발음하는 것이 굳어져 버렸다.

결론적으로 랍토르는 라틴어 발음, 랩터는 영어 발음이고, 둘 중 어느 쪽으로 발음하든지 상관없다. 따라서 벨로시랩터로 부르거나 벨로시랍토르로 불러도 상관없다.

그렇다면 드로마에오사우루스와 벨로시랩터는 다른 공룡인가?

"벨로시랩터와 드로마에오사우루스는 다른 공룡인가요?"

결론부터 말하자면, 다른 공룡이다. "왜 다른 공룡인가요?"라고 물어보면 가장 간단한 대답은 "생긴 것부터 달라요"가 정답이다. 드로마에오사우루스와 벨로시랩터의 생김새를 확연히 구별할 수 있는 것은 머리다. 마치 사람과 오랑우탄을 구별하는 것처럼 쉽다.

| 집단 사냥

찬찬히 살펴보자. 드로마에오사우루스의 머리는 상대적으로 둥글둥글하고 뭉툭한 편인 데 비해 벨로시랩터의 머리는 길고 날렵한 형태를 띠고 있다. 이 둘의 국적 또한 확연히 다르다. 벨로시랩터는 몽골을 비롯한 아시아에서만 발견되고, 드로마에오사우루스는 유럽 일대에서 발견되는 공룡이다.

원숭이와 인간이 손가락이 있다는 것만으로 같은 종이라고 말할 수 없듯이 이 둘 역시 갈고리발톱을 가지고 있다는 것만으로 같은 공룡으로 생각하면 안 된다.

▌벨로시랩터 골격

▌벨로시랩터 스케치

| 두개골

관람객의 질문 "독을 사용한 공룡이 있나요?"

영화 속에 등장하는 높이 1미터 정도의 딜로포사우루스는 공룡 유전자를 훔쳐 달아나는 직원에게 화려한 장식을 펼치면서 독을 뿜는다.

딜로포사우루스는 머리에 볏이 두 개 달린 도마뱀이라는 뜻이다. 높이 2미터 정도로 중생대 쥐라기에 북아메리카에서 살았던 공룡이다. 그러나 영화 속에서는 딜로포사우루스가 높이 1미터 정도로 작아 자동차 문에도 가뿐히 올라탈 수 있다. 실제보다 절반도 안 되는 작은 크기로 묘사된 것이다. 이런 경우는 참 드물다. 대부분 크기가 크게 묘사된 것에 비해 딜로포사우루스는 작게 묘사되어 귀여운 느낌이 들 정도이다. 단, 이 장면에 등장하는 녀석이 새끼 딜로포사우루스라면 가능하다.

두 번째로는 목 부근에 달린 목도리 도마뱀 같은 장식이다. 딜로포사우루스 화석으로 확인된 장식은 머리에 달린 두 개의 볏밖에 없다. 만약 딜로포사우루스에게 이런 장식이 있었다 해도 화석으로 남지 않는 조직이라 우리는 알 수 없다.

다음으로는 독을 뿜는 딜로포사우루스다. 영화 속 딜로포사우루스는 독으로 사냥을 한 것처럼 묘사하고 있다. 그러나 딜로포사우루스가 독을 내뿜었다는 증거는 전혀 발견되지 않았기에 영화 속 장면은 설정이라고 할 수 있다.

다만 시노르니토사우루스라는 작은 공룡이 독을 내뿜었을 것이라는 의견을 2009년 엠푸 공이라는 학자가 제시했다. 연구 팀은 독을 사용했다는 증거로 비정상적으로 송곳니가 휘어져 있다고 했다. 이런 휘어진 송곳니는 독을 가지고 있는 생물에게서 나타나는 특징이라고 한다. 또한 이빨에 홈

| 딜로포사우루스 두개골

▌ 딜로포사우루스 스케치

▌ 시노르니토사우루스 스케치

이 파여 있는데 이는 독을 사용했다는 흔적이라고 한다. 다시 말해 독이 다니는 길이다. 그리고 이빨 뿌리부분에 연부조직이 발견되면서 이런 연부조직을 독샘의 흔적이라고 설명하고 있다. 소형견만 한 작은 공룡이 큰 사냥감을 잡기 위해 독을 사용하는 것은 충분히 가능하지 않을까? 누구에게나 자신만의 무기는 필요할 테니까.

8. _____

알로사우루스 *Allosaurus*
_ 특이한 도마뱀

"알로사우루스가 조금 이상하지 않나요?"

알로사우루스를 보면서 누구나 첫 번째로 물어보는 질문이다. 왜 이런 질문을 할까? 평소 공룡에 관심이 많은 사람이라면 지질박물관의 알로사우루스를 보고 단번에 이상한 것을 알아차린다. 지질박물관에 사는 알로사우루스가 조금 작다. 왜 작은 걸까?

"네, 조금 작다는 걸 느끼셨을 겁니다. 왜 그럴까요?"

지질박물관에 사는 알로사우루스는 청소년 정도 되는 알로사우루스다. 그러니 다른 박물관에서 어른 알로사우루스를 보고 온 분들이 이상하다고 느끼는 게 당연하다. 이제 알로사우루스, 그 특별한 친구에 대해 몇 가지 이야기를 나눠보려고 한다.

▌알로사우루스 골격

▌ 알로사우루스 두개골

▌ 알로사우루스 골격

▌알로사우루스 모형

알로사우루스에 뿔이 있었다고?

"알로사우루스에 뿔이 있었나요?"

믿기 힘든 사실일 것이다. 알로사우루스에 뿔이 있었다니?! 박물관에서 직접 본 관람객들도 이런 이야기를 들으면 알로사우루스를 한 번 더 훑어본다. 그렇다면 도대체 알로사우루스의 뿔은 어디에 있을까?

뿔이라 하면 우리는 주로 케라토사우루스나 트리케라톱스같이 커다란

 알로사우루스 스케치

뿔을 떠올리게 된다. 하지만 알로사우루스의 뿔은 그런 종류의 뿔이 아니다. 알로사우루스의 머리를 자세히 살펴보자. 여느 육식 공룡들과 조금 다른 점을 찾을 수 있다. 눈 위에 조그마한 뿔 두 개가 알로사우루스의 이미지를 확 살려주고 있다.

이런 뿔이 공격에 사용되었을까? 아마도 아닐 것이다. 알로사우루스에게 이런 뿔로 싸우라는 것은 장검을 든 상대와 이쑤시개로 싸우라는 것과 같은 소리다. 아마도 이 뿔은 과시용으로 사용되었을 가능성이 높다.

티라노사우루스 이빨은 송곳, 알로사우루스 이빨은 부엌칼

처음 티라노사우루스에 대한 이야기를 이쯤에서 다시 한 번 떠올려보자. 앞에서 티라노사우루스의 이빨은 송곳 또는 바나나형 이빨로 뼈를 부수는 이빨이라고 이야기했다.

하지만 알로사우루스는 조금 다르다. 알로사우루스의 이빨은 칼과 같은 구조로 흔히 나이프에 비유된다. 한마디로 고기를 썰어먹는 우아한 식성을 가졌다는 뜻이다. 또한 크기에서 차이가 확연히 드러난다. 티라노사우루스의 이빨 크기는 28센티미터 정도인 반면, 알로사우루스의 이빨은 거기에 반도 못 미치는 크기이다. 이런 차이는 왜 생기는 걸까? 뭐, 나름의 생각이겠지만 쉽게 말해서 취향이 아닐까?

9.

스테고사우루스 *Stegosaurus*

_ 네 개의 가시

이제 살펴볼 공룡은 박물관에서 가장 독특하게 생긴 친구다. 바로 스테고사우루스. 지구 나이 46억 년 동안 특이하고 괴상하게 생긴 생물들이 수없이 나타났지만, 그중 스테고사우루스과의 공룡 생김새와 비슷한 생물은 하나도 없다. 그만큼 이들이 독보적인 개성파라는 것을 보여준다.

철퇴로 혼내준다

　스테고사우루스는 자신을 어떻게 보호했을까? 바로 꼬리에 달린 네 개의 꼬리가시를 이용했다. 한때 꼬리가시가 장식용인지 공격 무기인지를 놓고 학자들 사이에서 논란이 있었다. 그러나 한 화석이 이런 논란을 한번에 정리해버린다. 다름 아닌 알로사우루스의 척추 화석이었다. 도대체 척추

▎스테고사우루스 골격

꼬리 가시

스테고사우루스 골격

▎스테고사우루스 스케치

화석으로 뭘 알 수 있다는 것일까? 아마 멀쩡한 척추였다면 아무것도 몰랐을 것이다. 그 척추엔 커다란 구멍이 뚫려 있었다! 척추에 난 구멍이 숨구멍은 아닐 터였다(등으로 숨을 쉬지는 않으니까).

그렇다면 왜 구멍이 생겼을까? 충격적이게도 구멍의 범인은 스테고사우루스의 가시였다. 스테고사우루스의 가시가 척추를 쑥 관통했다가 빠져나온 흔적이었던 것이다. 추측하건대 알로사우루스는 스테고사우루스의 공격을 받아 죽었을 것이다(이렇게 커다란 주사를 맞았으니……).

스테고사우루스는 태양열 발전기?

"스테고사우루스의 등에 있는 오각형의 구조는 뭔가요?"

등에 나 있는 구조물은 골판이라고 부르는데 바로 스테고사우루스의 멋이자 약간의 허세를 뜻하는 스웨그(swag)이다. 이런 구조물은 스테고사우루스과의 공룡들만 가지는 구조다.

"과연 이 골판은 어디에 쓰였을까?"

이 질문은 스테고사우루스를 본 사람 대부분이 자연스럽게 떠올리는 질문이다. 정말 어디에 쓰였던 것일까?

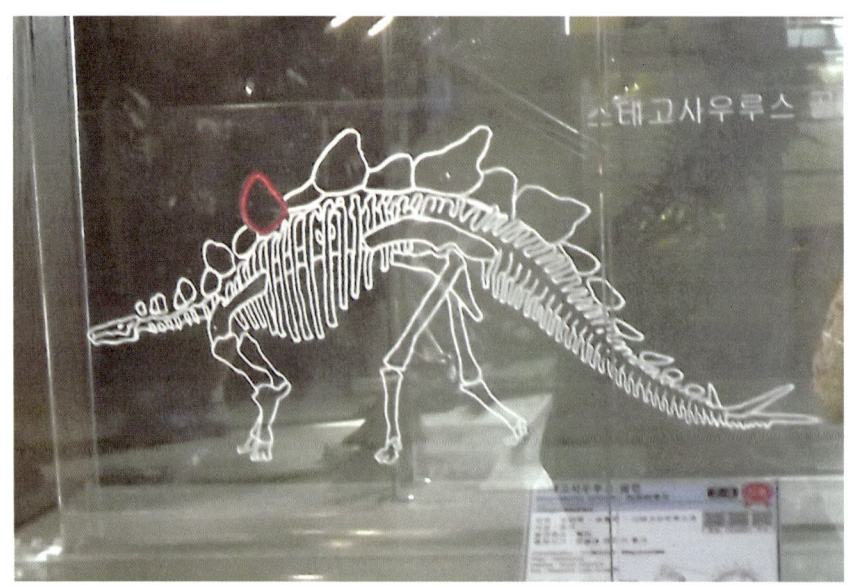

| 골판

116

▍스테고사우루스 모형

스테고사우루스 앞모습

태양열 발전기?

스테고사우루스의 골판에는 혈관이 지나가는 자리가 있다. 더울 때에는 골판에 있는 혈관으로 피를 올려보내 몸의 체온을 식히고, 반대로 추울 때에는 마치 태양열 발전기처럼 넓은 구조로 열을 흡수하여 몸의 체온을 올렸을지도 모른다. 어쩌면 인간보다 스테고사우루스가 먼저 태양열 발전을 시작한 것은 아닐까?

저리 개! 겁을 주기 위한 용도?

스테고사우루스의 골판은 등에 줄지어 솟아 있다. 이 때문에 스테고사우루스의 화석을 보면 몸집이 상당히 커 보인다. 또한 혈관이 지나는 길이 있으므로 위급한 상황에 피를 올려 색을 바꿀 수 있다는 의견도 있다.

만약 알로사우루스가 달려온다면 일단 골판으로 몸집을 크게 보이고, 색을 바꿔 신호를 보낸다.

"오면 죽여 버린다."

이때 알로사우루스는 생각한다.

'초식 공룡이 육식 공룡을 어떻게 죽…….'

생각이 끝나기도 전에 스테고사우루스의 꼬리에 맞고 등에 구멍이 뚫린 채로 생을 마감하지 않았을까?

위의 가정 외에도 여러 가지 의견이 있지만 한 가지 확실한 건 스테고사우루스가 그리 만만한 상대가 아니었다는 점이다.

재미있는 사실 스테고사우루스는 갑옷공룡?

스테고사우루스가 처음 발견되었을 때 어떻게 복원해야 할지 막막했다. 그래서 여러 가지 복원 모습 중에서 첫 번째로 복원된 모습이 갑옷공룡이었다. 그 모습은 골판들이 마치 갑옷공룡처럼 온몸을 뒤덮고 있고, 그 사이로 꼬리에 있어야 할 가시들이 나와 있는 충격적인 모습이었다. 물론 지금은 갑옷공룡이 아닌 스테고사우루스만의 독특한 모습으로 복원되어 있다.

| 스테고사우루스 스케치

관람객의 질문 "스테고사우루스는 위험한 공룡이었나요?"

우리는 스테고사우루스에 대한 이야기를 하기 전에 아프리카에서 가장 많이 사람을 죽이는 동물에 대해 살펴볼 필요가 있다. 과연 사람들이 어떤 동물에게 가장 많이 당할까? 악어? 사자? 아니다. 바로 하마다. 왜 그렇게 많은 사람들이 하마에게 당하는 것일까? 그것은 바로 하마의 생김새와 온순한 이미지 때문이다.

스테고사우루스도 마찬가지였을 것이다. 알로사우루스의 등에 구멍을 내는 공룡한테 먹이를 주려고 "우쭈쭈쭈" 하면서 다가간다면 아마 생애 마지막 장면이 스테고사우루스가 될 수도 있을 것이다. 겉모습이 온순하다고 속까지 온순한 건 아니니 야생동물에게 다가서면 안 된다.

결론적으로 "스테고사우루스는 위험합니다."

10.

파키케팔로사우루스 *Pachycephalosaurus*

_ 박치기 공룡

정말 박치기 공룡일까?

나는 전시된 파키케팔로사우루스의 머리뼈를 보면서 관람객들에게 언제나 이렇게 묻는다.

"이 공룡의 이름은 뭘까요?"
"박치기 공룡 파키케팔로사우루스요."

이렇게 대답하는 것은 유치원생과 초등학생들이다. 그런데 표지판에는 'Pachycephalosaurus'라고 쓰여 있는 게 전부라 처음에는 영어를 제대로 읽은 줄 알고 놀라웠다(아이들의 반응이 거의 조건반사 수준으로 빠르다).

파키케팔로사우루스는 이름보다는 박치기 공룡으로 유명한 공룡이다. 그런데 왜 박치기 공룡으로 알려진 것일까? 그건 파키케팔로사우루스의 머리뼈 때문이다. 파키케팔로사우루스의 머리 꼭대기에 대머리 같은 구조의 길이는 25센티미터 정도로 거의 30센티미터 자 길이다.

그 모습에 파키케팔로사우루스가 발견되었을 때 학자들은 갑옷공룡의 갑옷으로 생각했다. 이런 모습은 공룡을 좋아해서 많이 접한 사람들에게는

▮ 호말로세팔레 박치기

▮ 프로토케라톱스 두개골(왼쪽)과 파키케팔로사우루스(오른쪽) 두개골

▮ 파키케팔로사우루스 두개골

익숙하겠지만 파키케팔로사우루스를 처음 본 사람에게는 충격적인 모습이 아닐 수 없을 것이다.

"파키케팔로사우루스는 정말 박치기를 했을까?"

학교에서 뛰어다니다 서로 부딪히는 애들을 보면 "쿵" 하는 소리와 함께 그 고통이 소리를 타고 전달되는 것 같다. 부딪힌 아이들은 한동안 바닥에 앉아 있거나 보건실로 내려간다. 이렇게 박치기를 한다면 아마 인간들의 머리는 남아나지 않았을 것이다. 이런 고통스러운 박치기를 정말 파키케팔로사우루스가 했을까? 했다면 왜 그랬을까?

우리는 증거를 파키케팔로사우루스의 머리뼈에서 찾을 수 있다. 우리의 시선을 끄는 건 비정상적으로 두꺼운 머리뼈다. 이 머리뼈에 염증 흔적이 있는데 이는 외상에 의한 흔적이라고 한다. 결국 서로 박치기를 하면서 경쟁을 했다는 이야기다.

그렇다면 왜 박치기를 했던 것일까? 그건 정확히 알 수 없다. 다만 파키케팔로사우루스를 화석으로만 볼 수 있기 때문에 어느 정도는 추측해볼 수 있다. 예를 들면 큰뿔양 같은 동물들은 최대 14킬로그램의 뿔로 부딪히며 서로 경쟁하는데 이는 무리의 암컷이나 우두머리 자리를 차지하기 위해 모든 것을 건 싸움이다. 이들은 한쪽이 물러나기 전까지 계속 박치기를 하는데 우리는 이런 동물의 모습으로 파키케팔로사우루스의 경쟁을 상상해볼 수 있다.

11.

콤프소그나투스, *Compsognathus*
그리고 시노사우롭테릭스 *Sinosauropteryx*

작다고 무시하지 마! - 콤프소그나투스

콤프소그나투스는 작은 애완견만 한 크기로, 귀여운 모습을 화석에서도 찾아볼 수 있다. 하지만 이런 귀여운 외모임에도 「쥬라기 공원」에서는 단체로 모여서 먹이 주는 소녀를 습격하는 깡패 같은 모습으로 등장한다. 이런 콤프소그나투스의 전신 골격을 보면서 아이들은 이렇게 묻는다.

"이 공룡이 제일 작은 공룡인가요?"

아마 사람들이 제일 큰 것 다음으로 궁금한 것은 그다음으로 큰 것이 아니라 가장 작은 것일 것이다(다른 관점에서 생각해보면 이것도 최고가 될 수 있기 때문이 아닐까?). 아무튼 이렇게 작은 콤프소그나투스도 가장 작은 공룡은 아니다. 공룡들 중 가장 작은 공룡은 에피덱시프테릭스라는 공룡이다. 몸길이가 25센티미터로 딱 파키케팔로사우루스 머리 꼭대기에 달린 구조만 한 크기다(30센티미터 자만으로도 측정이 가능한 크기).

| 콤프소그나투스 스케치

▌ 콤프소그나투스 화석

🐍 공룡의 색깔을 살펴보다-시노사우롭테릭스

"공룡은 무슨 색이었나요?"

공룡 책을 보면 공룡의 색깔은 빨간색부터 무지개 색까지 다채로운 색깔을 지니고 있는 것들이 수두룩하다. 하지만 곰곰이 생각해보면 뭔가 이상한 점을 알 수 있다. 우리가 코끼리를 한번도 보지 못했다고 가정해보자. 그리고 코끼리의 뼈만 보고 색깔을 맞히라고 한다면 코끼리가 회색빛이 돈다는 것을 알 수 있을까? 아마 불가능할 것이다.

시노사우롭테릭스 화석

| 시노사우롭테릭스 모형

　공룡 역시 마찬가지다. 우리가 보는 공룡에 관한 정보는 화석뿐이기 때문에 색깔은 「쥬라기 공원」을 만들지 않는 이상 알 수 없을 것으로 생각했지만, 딱 한 마리 색깔은 알 수 있다!
　그 주인공은 바로 시노사우롭테릭스(일명 중화용조). 크기는 콤프소그나투스와 비슷한 몸길이 1미터로 작은 육식 공룡이다. 1996년 중국 랴오닝성에서 나온 시노사우롭테릭스의 화석은 깃털이 보존된 상태였다. 그런데 이 화석 속에 기적적으로 색소가 남아 있었다. 이 색소를 바탕으로 시노사우롭테릭스의 색깔을 복원한 결과, 적갈색과 흰색이 어우러진 털을 가지고 있었을 것이라는 연구 결과가 나왔다. 이렇게 우리는 유일하게 시노사우롭테릭스의 색깔만은 자신 있게 말할 수 있게 되었다.

우리는 시노사우롭테릭스를 바탕으로 공룡의 색깔에 대한 생각을 해볼 수 있다. 일부 매체와 연구자들은 공룡을 무조건 단색에 밋밋하고 어두운 색으로 복원하는 경향이 있는데 과연 공룡을 무조건 단색으로 표현할 필요가 있을까? 공작 같은 새들을 살펴보자. 어쩌면 공룡은 우리가 상상하는 것보다 화려한 색으로 중생대를 밝혔을지도 모른다.

(한번쯤 생각해볼 만한 공룡 생각)
"지금 모습이 진짜 공룡의 모습일까?"

가끔 공룡을 보면서 드는 생각이다.

다시 코끼리를 모른다고 가정해보자. 단지 볼 수 있는 것은 코끼리의 뼈뿐이다. 우리가 그 뼈만으로 복원한다면 코끼리의 모습에서 코가 없을지도 모른다.

두 번째로 닭을 생각해볼 수 있다. 닭의 뼈만으로 살을 붙인다면 닭의 벼슬과 장식들은 절대 알 수가 없다. 이런 것을 바탕으로 공룡의 모습을 생각해본다면 공룡의 모습은 더 화려하지 않았을까?

12.

공룡시대의 하늘

_ 프테라노돈 *Pteranodon* 과 케찰코아틀루스 *Quetzalcoatlus*

프테라노돈 - 가장 유명한 익룡

박물관 천장에 햇빛이 새어 들어오는 곳을 바라보면 익룡 한 마리가 마치 지금이라도 날갯짓을 할 것만 같은 자세로 매달려 있다. 이 모습에 어린이들은 공룡보다도 먼저 "와! 익룡 이다" 하고 소리친다. 시선을 끌어당 기는 매력을 가진 프테라노돈 에 대해 재미있는 이야기를 해보자.

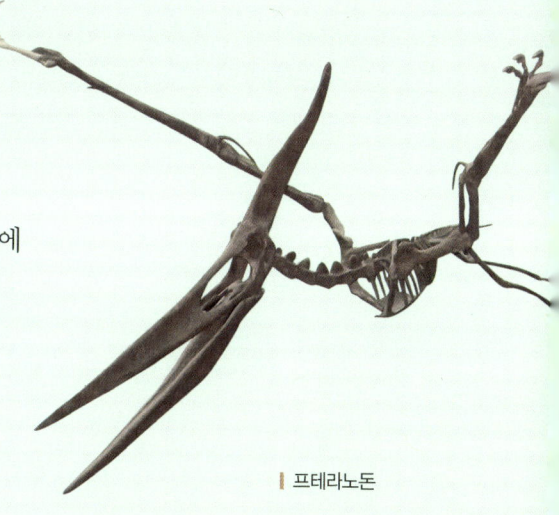

| 프테라노돈

포켓몬 '프테라' 모델은 프테라가 아니다?

요즘 한창 '포켓몬 고'라는 게임이 세상을 휩쓸고 있다. 그래서인지 포켓몬의 인기도 덩달아 올라가고 있다. 그중 '프테라'라는 포켓몬은 고대 화석 포켓몬으로, 그 구조는 프테라노돈과 얼추 비슷하다. 하지만 프테라의 모습을 보면 프테라노돈과는 확연히 다른 것을 알 수 있다. 턱이 길고 이빨이 나 있는 생김새는 프테라노돈과는 완전 다른 종류의 익룡이다.

대부분의 초등학생들은 프테라의 모습이 프테라노돈과 비슷할 것이라고 착각하지만, 실제로는 그렇지 않다는 것을 알 수 있다. 다만 확실한 것은 그 원형이 익룡이라는 점이다.

> **재미있는 사실 프테라노돈의 유래**
>
> 프테라노돈의 이름을 쪼개보면 '프테론'과 '노돈'으로 나뉘며, 프테론은 '날개가 달렸다'라는 뜻이고 노돈은 '이빨이 없다'는 뜻이다. 이 둘을 합치면 '이빨은 없고 날개가 있다'라는 뜻의 이름이 곧 프테라노돈의 모습을 말해주고 있다. 이렇듯 언제나 이름에 뜻이 숨어 있다.

케찰코아틀루스-백악기의 제트기

중생대 하늘에는 13미터에 이르는 케찰코아틀루스가 날아다녔다. 케찰코아틀루스는 익룡 중에서 가장 큰 녀석으로 심지어 티라노사우루스보다 더 컸다. 이런 덩치로 조그마한 공룡들을 잡아먹는 것은 당연했을 것이다.

▎ 케찰코아틀루스 모형

▎ 케찰코아틀루스 스케치

▎케찰코아틀루스 옆에서

동가립테루스

날개가 찢어진다면?

"익룡은 날개가 찢어지면 어떻게 되었나요?"

비참한 이야기이지만 한번쯤 상상해볼 수 있는 상황이다. 익룡에게 날개란 생명줄 같은 것으로 날개가 찢어지면 엄청난 치명타였을 것이다. 열기구에 구멍이 뚫리면 어떻게 될까? 아마 절대로 떠오르지 못할 것이다. 마찬가지로 날개가 찢어진다면 익룡은 날지 못했을 것이다. 더군다나 케찰코아틀루스 같은 거대한 익룡이 날지 못한 채로 땅에서 머물러 있다면 주변에 있는 육식 공룡들의 훌륭한 먹잇감이었을 것이다.

▌ 중국을 대표하는 익룡 둥가립테루스(둥가리의 날개라는 뜻)

13. 공룡시대의 바다

_ 모사사우루스 *Mosasaurus* 와 실러캔스 *Coelacanth*

바다라고 하면 무의식중에 떠오르는 장면이 있다. 여기저기서 들리는 갈매기 소리와 찰싹거리는 파도소리와 평화롭게 펼쳐진 수평선. 하지만 바다 앞에 중생대라는 단어를 붙이면 순식간에 평화로움이 공포로 바뀔 수 있다. 무시무시한 중생대의 바다. 그 속을 조금 더 깊이 들어가 보자.

모사사우루스-엄청난 바다의 괴물

모사사우루스는 「쥬라기 월드」에 출연하고 난 뒤 정말 유명해진 어룡이다. 비록 그 영화에서 모사사우루스는 짧게 등장했지만 강렬한 인상을 남기고 물속으로 들어가버린다. 하지만 이런 인상적인 장면 뒤에도 영화 속 이상한 점이 존재한다.

| 모사사우루스 두개골

모사사우루스가 정말 저렇게 크다고?

"모사사우루스가 티라노사우루스를 한입에 먹을 수 있을 정도로 컸나요?"

영화에 등장하는 모사사우루스는 대략 40미터로 엄청난 크기를 자랑한다. 이런 크기로 모사사우루스는 인도미누스렉스라는 약 15미터의 육식 공룡을 한입에 꿀꺽한다. 이런 모습을 떠올리면서 박물관에 온 어린이들은 어리둥절해하며 모사사우루스를 바라본다.

"엄마, 모사사우루스가 너무 작아요."

▮ 플라테카루푸스(모사사우루스류)

「쥬라기 월드」를 본 어린이들이 한 번쯤은 이렇게 말한다. 영화 속에선 40미터 였지만 실제 모사사우루스는 15~19미터 로 영화보다 너무나 작아 보이는 크기다. 이런 몸집으로 티라노사우루스를 꿀꺽한다고? 아마도 한 번에 먹는 것은 힘들었을 것이다(먹는 건 고사하고 이 둘이 마주칠 일이 얼마나 될까?). 즉, 이번에도 영화 속 크기는 심한 뻥튀기라는 것을 알 수 있다.

▎모사사우루스 골격

▎모사사우루스 골격

모사사우루스 두개골

거북 화석

▌머리가 크고 목이 짧은 어룡 플리오사우루스

▌플리오사우루스 2

실러캔스 - 엄청난 발견

흔히 고대 전설들을 살펴보면 공룡과 비슷한 고대 생물들이 등장해서 마치 그 동물들이 지금도 살아 있을 것만 같은 상상을 하게 한다(예를 들면 네스 호의 네시). 그런 동물들을 찾으려고 엄청난 노력을 기울였음에도 탐사는 번번이 실패한다. 그렇게 모두 멸종했을 것으로 생각하는 사람들에게 의외의 발견이 한 줄기 희망을 선사한다.

그게 정말 살아 있다고?

1938년에 남아프리카 애비니 존슨 어업회사의 고기잡이배가 이상한 물고기를 건져 올린다. 푸른빛이 도는 이상한 물고기는 우리가 먹는 물고기들과는 확실히 생김새가 달랐다. 선장은 남아프리카 이스트런던박물관 래티머 관장에게 와서 그 물고기를 한번 봐달라고 요청했다.

▎서대문자연사박물관의 실러캔스

> **재미있는 사실** 실러캔스는 맛있다, 없다?
>
> 마다가스카르 원주민들은 종종 실러캔스를 잡아 올리지만 그리 달갑지 않다. 실러캔스는 기름기가 많아 맛이 없어 잡은 즉시 놓아준다.

"이상한 물고기가 잡혔습니다. 생전 처음 보는 모습입니다."

곧바로 달려온 래티머 관장은 물고기를 유심히 살펴보고 또 살펴보았지만 도무지 알 수 없었다.

"이게 뭐지?"

┃실러캔스 스케치

래티머 관장은 어류학자에게 물고기의 스케치를 보내고 난 뒤 정체를 알게 되고 엄청난 발견인 것을 알게 된다. 후에 실러캔스가 더 발견되면서 정체가 세상에 드러나게 된다. 실러캔스의 발견은 고생물학에 커다란 충격을 가져다준 사건이다.

하루아침에 죽었다고 생각했던 생물이 살아서 돌아온 실러캔스! 우리가 멸종했다고 생각한 생물들이 인간을 피해서 바다 깊은 곳이든지, 하늘 높은 곳이든지 우리 눈에 보이지 않는 곳에서 살아 있는 것은 아닐까?

14.
공룡이 보고 싶어!

고성박물관 입구

많은 어린이들이 공룡을 직접 보고 싶어한다. 하지만 이 지구상에서 공룡은 사라졌고 단지 화석으로만 볼 수 있다. 또한 EBS에서 「한반도의 공룡」이라는 기획물이 방영된 뒤로 한반도에도 공룡이 살았다는 인식이 널리 퍼지기 시작했다. 하지만 「한반도의 공룡」에 등장하는 대부분의 공룡은 한반도에 살았다는 증거가 없이 그저 추측으로 이루어진 설정들이다.

하지만 대부분의 어린이들이 이런 프로그램에 공룡의 세계를 제한해버린다. 끝없는 자신만의 세계를 펼쳐야 할 나이에 자신의 세계를 자기도 모르게 닫아버린 아이들을 보면 안타까울 뿐이다. 그래서 아이들에게 우리나라의 대표적인 공룡 화석지 두 곳을 소개하는 것으로 이야기를 마무리 지으려고 한다.

우리나라에는 많은 화석지와 박물관이 있지만 이 두 곳을 고른 이유가 있다. 첫째, 커다란 공룡 박물관과 함께 화석지가 있는 곳이다. 공룡 박물관과 화석지가 붙어 있다면 정말 행복한 곳이 아닐 수 없다. 둘째, 바다가 있는 전망 좋은 곳이다. 단지 박물관과 화석지만 보러 먼 곳을 찾아간다는 것은 약간의 부담이 될 수 있고 관람 후에 할 게 없다면 그보다 지루한 여행은 없을 것이다. 따라서 이 두 곳은 공룡 박물관 + 화석지 + 바다가 있는 3종 세트로 이루어진 곳이다.

🦖 고성으로 가볼까?

"이번 역은 고성, 고성입니다. 내리실 문은 오른쪽입니다."

첫 번째 목적지 경상남도 고성이다. 고성에 도착하면 일단 바로 고성 공룡박물관으로 들어간다. 공룡박물관에 들어서기도 전에 실물 크기의 공룡 모형들이 관람객들의 흥분을 고조시킨다. 입구에 들어서자마자 나를 맞이하는 것은 공룡 모형이 아닌 매표소가 반기고 있었다. 요금은 다음과 같다.

🎫 일반   개인 3,000원 | 단체 2,500원
🎫 군인·청소년   개인 2,000원 | 단체 1,500원
🎫 어린이   개인 1,500원 | 단체 1,000원

입구에 들어서면 공룡 화석이 내뿜는 알 수 없는 기운에 압도된다. 공룡은 아니지만 커다란 모습으로 시선을 잡아당기는 녀석은 케찰코아틀루스이다. 박물관은 모두 3층으로 다른 공룡박물관들보다 규모가 크다. 화석과 많은 공룡 모형들을 하나하나 관람한 뒤에야 야외 전시관을 둘러볼 수 있다(출구로 쭉 나가면 된다). 이곳은 마치 야생에서 공룡을 만난 듯한 기분이 든다. 이때 야외에서 꼭 먹어야 하는 게 있다. 바로 공룡빵이나.

야외 전시관을 쭉 따라가다 보면 '상족암'으로 내려가는 곳이 나타난다.

　상족암에는 특별한 흔적들이 새겨져 있다. 발자국들은 비록 공룡 화석이 나오지 않아도 공룡이 존재했음을 알려주는 흔적이므로 아주 중요하다.
　대부분 조각류, 용각류의 발자국이다. 이곳이 좋은 점은 바다가 바로 앞에 있어 발자국에 물이 들어왔다 빠진 모습을 볼 수 있다는 점이다. 덕분에 엄청난 장관을 연출해내지만 관람객들은 조금 불편할 수 있다. 따라서 방문하려고 계획하는 날짜에 밀물과 썰물 시간을 잘 확인하고 방문하길 바란다.

| 고성박물관

여행이 여기서 끝나면 뭔가 아쉽지 않을까? 만약 아쉽다면 다음 일정으로 고성 공룡엑스포 행사장을 방문하면 된다(단, 2년에 한 번 개최하기 때문에 기간을 잘 맞춰야 한다). 고성 공룡엑스포 입장료는 박물관보다 조금 비싸다.

- 🎫 성인   16,000원
- 🎫 청소년 12,000원
- 🎫 어린이 10,000원

고성 공룡엑스포는 박물관보다는 다양한 기획으로 낮과 밤에 상관없이 많은 볼거리가 준비되어 있어 나는 박물관에서 엑스포 행사장을 가는 순서

| 고성 공룡엑스포

로 고성을 돌았다. 고성에서 공룡에 관련된 것만 보는 것도 당일치기로는 약간 무리가 있어 1박 2일이나 2박 3일 여행을 추천한다. 여유를 가지고 바다와 공룡을 한꺼번에 즐기는 여행이었으면 한다.

해남으로 가볼까?

"땅끝마을에도 공룡이 살았다고?"

해남 공룡박물관은 생각보다 정말 많이 걸어야 하는 곳이라 여름이 끝나갈 무렵이나 가을에 방문하는 것을 추천한다. 입구와 매표소의 거리가 상당히 멀고 전시관들도 제법 떨어져 있다.

- 🎟 **성인**   개인 3,000원 | 단체 2,500원
- 🎟 **청소년(중고생)**   개인 2,000원 | 단체 1,500원
- 🎟 **어린이(5세 이상 ~ 12세 이하)**   개인 1,500원 | 단체 1,000원

먼저 본관에 들어서면 수많은 공룡들이 반기는데, 둘러보면서 가장 인상적인 곳은 공룡들의 발만 전시해 놓은 전시관이다. 흔히 전시된 공룡 전신 골격을 바라볼 때 그 시선은 머리나 몸통으로 쏠리기 마련이다. 하지만 발만 전시해 놓는다면 당연히 공룡 발을 자세히 살펴볼 수밖에 없다.

그다음으로 사람들을 이끄는 것은 진품 알로사우루스 전신 골격이다. 알로사우루스 전신 골격은 흔하게 볼 수 있는 화석이 아니다. 마치 알로사우루스가 당장이라도 살아날 것 같은 기운을 내뿜는다.

이외에도 많은 전시물을 확인하다 보면 앞에서도 말했지만, 한 가지 이상한 점을 발견할 수 있다. '티라노사우루스 바타르'라는 학명이 사라졌음에도 설명에 '티라노사우루스 바타르'라는 학명으로 표기되어 있다.

본관을 관람하고 나서 커다란 공룡 발자국 화석을 보려면 다른 전시관으로 가야 한다. 그 전시관에는 고성보다 확실히 커다란 크기를 자랑하는 공룡 발자국이 모여 있다.

박물관 안에 발자국 전시관이 있는 이유는 전시관을 지을 당시, 발자국 화석을 헤치지 않고 그 자리에 건물을 지어 최대한 보존하려고 한 것이다. 때문에 어디에서도 볼 수 없는 특이한 분위기를 느낄 수 있다. 나는 개인적으로 본관을 둘러본 이후쯤 목이 마르기 시작한다. 그런데 정수기는 본관과 조류 전시관에만 있기 때문에 자칫 낭패를 보는 경우가 있다.

차례대로 박물관을 모두 둘러보았다면 이제 주변을 둘러보자. 해남은 생각보다 넓지 않은 도시로 작은 터미널 주변에 있는 가게들이 전부다. 그래서 차를 타고 15분 정도 시내에서 벗어나 대교가 보이는 곳에 숙소를 잡아 잠을 자고, 다음날 당황포 관광지와 신노내교, 진도 타워 주변을 방문한다면 즐거운 여행이 될 것이다.

▌해남 공룡 발자국 화석

주의사항 일단 거리가 상당하기 때문에 장거리 이동시간을 각오하고 가야 한다. 해남은 그다지 큰 도시가 아니기 때문에 터미널도 대도시에 비해 상당히 작다. 그리고 더 충격적인 것은 밤 10시가 채 되기도 전에 거리가 한적해져 빨리 숙소에 들어가기를 추천한다. 다시 한 번 말하지만, 박물관에 들어갈 때 물을 꼭 챙겨가야 한다. (특히 여름)

15. ─────────────

나는 공룡에서
　무엇을 배울까?

2016년 고등학교 2학년, 창의적 체험활동 경진대회에 대한 소식을 듣게 된다. 나는 곰곰이 참가 여부에 대해 생각해보았다(대체 왜 온갖 대회는 시험 기간이랑 겹치는지). 대회 주제는 간단하게 '생물다양성'을 자신의 관점으로 설명하는 것이었다. 그 후 일주일 동안 내 생각을 차근차근 정리하면서 나에게 질문을 하기 시작했다.

첫 번째 질문

공룡시대(중생대)는 약 1억 8천만 년간 지속된 굉장히 길고 긴 시간이다. 오스트랄로피테쿠스가 나타난 지는 약 500만 년밖에 되지 않았다. 확실히 공룡은 인간보다 길게 살았다. 그렇다면 어떻게 공룡은 오랜 시간 동안 살아남았을까?

두 번째 질문

인간은 지구 역사상 유례없는 빠른 시간 안에 찬란한 문명을 이루었다. 하지만 동시에 유례없는 파괴를 만들어내고 있다. 우리는 앞으로 어떻게 해야 하는가?

나는 이 두 질문과 그에 대한 대답을 바탕으로 잠을 줄여가며 발표 자료를 만들어가기 시작했다. 두 질문에 대한 답은 생물다양성이다. 생태계가 유지되려면 생물다양성이 그 바탕이 되어야 한다. 피라미드 형태로 이루어진 생태계가 복잡할수록 생태계는 안정되듯이 공룡시대에는 아직도 우리

▌창의적체험활동 경진대회

▌창의적체험활동 경진대회

가 모르는 공룡들이 끊임없이 발견되고 있다. 공룡은 다양했고 생태계는 안정되었던 것이다.

그렇다면 지금은 어떨까? 현재 인간은 찬란한 과학기술로 피라미드에 꼭대기에 서 있을지도 모른다. 우리는 두 발로 걷기 시작했고, 자유로워진 손으로 짱돌을 던지는 것부터 시작해서 손에 미사일 스위치를 쥐고 있는 위치에까지 왔다. 우리는 손가락 하나만 누르면 지구를 멸망시킬 수도 있다.

이런 위치에 오기까지 인간들은 앞만 보며 달려왔다. 하지만 이제는 잠깐만 멈춰도 되지 않을까? 영원히 멈추자는 이야기가 아니다. 아주 잠시만, 잠깐만 주변을 돌아보고 우리가 달려오면서 잃어버린 것들을 살펴보고 복원하자는 이야기다.

공룡처럼 오래 살고 싶다면, 공룡보다 더 오래 호모사피엔스가 지구와 우주에서 종족을 유지하려면 잠시만 주변을 살펴보면서 잃어버린 것들에 대해 생각해보는 시간을 가져야 할 때가 아닐까?

글을 마치면서

    고등학교 3년 동안 경험한 봉사활동이 이렇게 책으로 기록되어 나오기까지 혼자의 힘으로 이루어진 일은 하나도 없습니다. 이 활동 속에서 세상은 저에게 계속 질문합니다. 이게 맞는 길이냐고, 가는 길이 정답이냐고.

    그럴 때마다 다시 저는 되레 질문합니다. 맞는 길이어야 하냐고, 수많은 길들 중 정답이 어디 있냐고. 앞으로도 세상은 저에게 많은 질문을 할 것 같습니다. 그래서 저는 그에 대한 저만의 대답과 질문을 더욱더 많이 준비하려 합니다.

    이 글을 쓰는 지금, 고등학교 생활을 마무리하는 시기이자 대학 진학을 준비하는 시기입니다. 저에겐 고등학교 생활의 마무리는 곧 새로운 시작입니다. 이제 저는 새로운 시작의 문턱 앞에서 더 높이 날아오를 준비를 하고자 합니다.

    이 책을 끝까지 읽어주신 독자들께 그리고 3학년 담임 선생님과 책의 시작을 도와주신 이현종 선생님, 지금까지 저를 옆에서 많이 도와주신 분들께 진심으로 감사드립니다.

                                대한민국 새벽의 대전 어딘가에서 이 글을 씁니다.